中山大学海洋科学专业课程思政教学改革案例集

——在知识传播中强调价值引领、在价值传播中凝聚知识底蕴

中山大学海洋科学学院　编著

·广州·

版权所有　翻印必究

图书在版编目（CIP）数据

中山大学海洋科学专业课程思政教学改革案例集：在知识传播中强调价值引领、在价值传播中凝聚知识底蕴/中山大学海洋科学学院编著． -- 广州：中山大学出版社，2024.11. -- ISBN 978-7-306-08179-7

Ⅰ.G641

中国国家版本馆CIP数据核字第2024T4A054号

出 版 人：	王天琪
策划编辑：	李　文
责任编辑：	李　文
封面设计：	林绵华
责任校对：	陈生宇
责任技编：	靳晓虹
出版发行：	中山大学出版社
电　　话：	编辑部 020-84110283，84113349，84111997，84110779，84110776
	发行部 020-84111998，84111981，84111160
地　　址：	广州市新港西路135号
邮　　编：	510275　传　真：020-84036565
网　　址：	http://www.zsup.com.cn　E-mail：zdcbs@mail.sysu.edu.cn
印 刷 者：	广东虎彩云印刷有限公司
规　　格：	787mm×1092mm　1/16　8.5印张　205千字
版次印次：	2024年11月第1版　2024年11月第1次印刷
定　　价：	40.00元

如发现本书因印装质量影响阅读，请与出版社发行部联系调换

本书编委会

主　任：王东晓　李春荣
副主任：苏　明　赵　俊　廖喜扬　陈　洁
委　员：（以姓氏笔画为序）
　　　　万志峰　艾　彬　卢建国　刘亚婷　刘汾汾
　　　　刘维亮　李　朴　李　静　李朋辉　杨　颖
　　　　何　蕾　张　恒　孟　峥　贾坤同　夏　斌
　　　　殷克东　黄志坚　龚文平　彭　娟　谢　伟

序　　言

沧海横流显砥柱，万里长风贯古今。作为一名地球科学科研和教育工作者，能为这本凝聚了中山大学海洋科学专业教师智慧与心血的案例集作序，我深感荣幸。本书不仅是一部立德树人的典范之作，更是新时代高等教育使命与追求的生动体现。

海纳百川，有容乃大。这本案例集涵盖卫星海洋学、海洋生物学、海洋化学、海洋地质学等多门核心课程，系统展示了如何将思政元素有机融入专业知识教学。教师们以海纳百川的胸怀，将海洋强国战略、海洋生态文明建设、21世纪"海上丝绸之路"等重大议题与专业知识教学巧妙结合，既拓展了学生的知识视野，又深化了他们对国家海洋发展战略的理解，激发了投身海洋事业的热情。这种融合体现了教育工作者高度的政治责任感和使命感，堪称课程思政的典范。

厚德载物，自强不息。案例中展示的教学设计新颖独特，方法灵活多样。教师们注重培养学生的家国情怀、创新精神和科学态度，将思政教育与专业教育有机融合，做到润物细无声。这种教学方式不仅提高了学生的专业素养，更培养了他们的爱国情操和社会责任感。通过具体实践，我们看到了如何将抽象理论转化为生动教学，如何将宏大主题落实到具体课堂，为其他学科的课程思政建设提供了宝贵经验。

海不辞水，故能成其大。这本案例集的编写和出版，既是对中山大学海洋科学专业课程思政建设成果的总结，也为其他高校和相关专业提供了借鉴。它的意义不仅在于交流经验，更在于推动高等教育回归立德树人的初心和使命。在新时代背景下，高等教育肩负着培养德智体美劳全面发展的社会主义事业建设者和接班人的重任，这本案例集无疑为实现这一目标推波助澜。

长风破浪会有时，直挂云帆济沧海。我坚信，通过持续深化课程思政建设，中山大学海洋科学专业必将培养出更多德才兼备、能担当民族复兴大任的时代新人。这些未来的海洋科学家们，将成为实现海洋强国梦的中坚力量，为我国海洋事业的发展做出重要贡献。

衷心希望广大教育工作者能从这本案例集中汲取智慧和力量，在各自岗位上不断创新教学方法，优化育人模式，为培养社会主义建设者和接班人作出新的更大贡献。让我们携手同心，在课程思政道路上继续前行，为培养德智体美劳全面发展的海洋科学事业建设者和接班人而不懈奋斗！

潮平两岸阔，风正一帆悬。在这波澜壮阔的教育改革浪潮中，让我们以此案例集为起点，继续探索、勇于创新，共同谱写高等教育的崭新篇章。

张培霞

2024年11月

目 录

概　述 ………………………………………………………………………… (1)

案例一　"海洋生态学"课程思政教学实践 …………………………………… (9)
　　一、课程思政教学理念与目标 ………………………………………… (10)
　　二、课程思政教学思路与方法 ………………………………………… (10)
　　三、课程思政教学评价与考核 ………………………………………… (13)
　　四、课程思政教学特色与创新 ………………………………………… (15)
　　五、课程思政教学效果与推广 ………………………………………… (15)
　　六、课程思政教学反思 ………………………………………………… (16)

案例二　习近平总书记"两山理论"和"家国情怀"意识在核心通识课"地质景观与资源"中的教学实践 ……………………………………………………… (17)
　　一、课程思政教学理念与目标 ………………………………………… (18)
　　二、课程思政教学思路与方法 ………………………………………… (18)
　　三、课程思政教学评价与考核 ………………………………………… (23)
　　四、课程思政教学特色与创新 ………………………………………… (24)
　　五、课程思政教学效果与推广 ………………………………………… (25)
　　六、课程思政教学反思 ………………………………………………… (26)

案例三　"海洋动物学"课程思政教学实践 …………………………………… (27)
　　一、课程思政教学理念与目标 ………………………………………… (28)
　　二、课程思政教学思路与方法 ………………………………………… (29)
　　三、课程思政教学评价与考核 ………………………………………… (32)
　　四、课程思政教学特色与创新 ………………………………………… (33)
　　五、课程思政教学效果与推广 ………………………………………… (33)
　　六、课程思政教学反思 ………………………………………………… (34)

案例四　"海洋药物化学"课程思政教学实践 ………………………………… (35)
　　一、课程思政教学理念与目标 ………………………………………… (36)

二、课程思政教学思路与方法 ……………………………………… (37)
　　三、课程思政教学评价与考核 ……………………………………… (40)
　　四、课程思政教学特色与创新 ……………………………………… (40)
　　五、课程思政教学效果与推广 ……………………………………… (41)
　　六、课程思政教学反思 ……………………………………………… (42)

案例五　"海洋遥感与地理信息系统"课程思政教学实践 ……………… (43)
　　一、课程思政教学理念与目标 ……………………………………… (44)
　　二、课程思政教学思路与方法 ……………………………………… (45)
　　三、课程思政教学评价与考核 ……………………………………… (50)
　　四、课程思政教学特色与创新 ……………………………………… (52)
　　五、课程思政教学效果与推广 ……………………………………… (52)
　　六、课程思政教学反思 ……………………………………………… (53)

案例六　"海洋微生物学实验"课程思政教学实践 ……………………… (55)
　　一、课程思政教学理念与目标 ……………………………………… (56)
　　二、课程思政教学思路与方法 ……………………………………… (56)
　　三、课程思政教学评价与考核 ……………………………………… (59)
　　四、课程思政教学特色与创新 ……………………………………… (60)
　　五、课程思政教学效果与推广 ……………………………………… (60)
　　六、课程思政教学反思 ……………………………………………… (62)

案例七　"卫星海洋学"课程思政教学实践 ……………………………… (63)
　　一、课程思政教学理念与目标 ……………………………………… (64)
　　二、课程思政教学思路与方法 ……………………………………… (64)
　　三、课程思政教学评价与考核 ……………………………………… (69)
　　四、课程思政教学特色与创新 ……………………………………… (69)
　　五、课程思政教学效果与推广 ……………………………………… (70)
　　六、课程思政教学反思 ……………………………………………… (70)

案例八　"海洋油气地质学"课程思政教学实践 ………………………… (73)
　　一、课程思政教学理念与目标 ……………………………………… (74)
　　二、课程思政教学思路与方法 ……………………………………… (74)
　　三、课程思政教学评价与考核 ……………………………………… (80)
　　四、课程思政教学特色与创新 ……………………………………… (81)

五、课程思政教学效果与推广 …………………………………………… (82)
　　六、课程思政教学反思 ……………………………………………………… (84)

案例九　"海洋有机化学"课程思政教学实践 ………………………………… (85)
　　一、课程思政教学理念与目标 ……………………………………………… (86)
　　二、课程思政教学思路与方法 ……………………………………………… (86)
　　三、课程思政教学评价与考核 ……………………………………………… (90)
　　四、课程思政教学特色与创新 ……………………………………………… (91)
　　五、课程思政教学效果与推广 ……………………………………………… (91)
　　六、课程思政教学反思 ……………………………………………………… (92)

案例十　"生物信息学"课程思政教学实践 ……………………………………… (93)
　　一、课程思政教学理念与目标 ……………………………………………… (94)
　　二、课程思政教学思路与方法 ……………………………………………… (95)
　　三、课程思政教学评价与考核 ……………………………………………… (100)
　　四、课程思政教学特色与创新 ……………………………………………… (100)
　　五、课程思政教学效果与推广 ……………………………………………… (100)
　　六、课程思政教学反思 ……………………………………………………… (101)

案例十一　"物理海洋学"课程思政教学实践 …………………………………… (103)
　　一、课程思政教学理念与目标 ……………………………………………… (104)
　　二、课程思政教学思路与方法 ……………………………………………… (104)
　　三、课程思政教学评价与考核 ……………………………………………… (108)
　　四、课程思政教学特色与创新 ……………………………………………… (109)
　　五、课程思政教学效果与推广 ……………………………………………… (110)
　　六、课程思政教学反思 ……………………………………………………… (110)

案例十二　"海洋环境污染与毒理"课程思政教学实践 ………………………… (111)
　　一、课程思政教学理念与目标 ……………………………………………… (112)
　　二、课程思政教学思路与方法 ……………………………………………… (112)
　　三、课程思政教学评价与考核 ……………………………………………… (116)
　　四、课程思政教学特色与创新 ……………………………………………… (117)
　　五、课程思政教学效果与推广 ……………………………………………… (117)
　　六、课程思政教学反思 ……………………………………………………… (118)

案例十三 "生物化学"课程思政教学实践 …………………………………（119）
  一、课程思政教学理念与目标 ……………………………………………（120）
  二、课程思政教学思路与方法 ……………………………………………（120）
  三、课程思政教学评价与考核 ……………………………………………（122）
  四、课程思政教学特色与创新 ……………………………………………（122）
  五、课程思政教学反思 ……………………………………………………（122）

概　　述

中山大学海洋科学学院：苏　明　孟　峥　李春荣　廖喜扬
　　　　　　　　　　　赵　俊　陈　洁　刘亚婷
中山大学党委学生工作部：李　颖
中 山 大 学 研 究 生 院：孙艺轩

2016年12月7日,习近平总书记出席全国高校思想政治工作会议并发表重要讲话。他强调,"高校思想政治工作关系高校培养什么样的人、如何培养人以及为谁培养人这个根本问题。要坚持把立德树人作为中心环节,把思想政治工作贯穿教育教学全过程,实现全程育人、全方位育人,努力开创我国高等教育事业发展新局面。"为了形象论述思想政治工作的重要意义,习近平总书记指出,"好的思想政治工作应该像盐,但不能光吃盐,最好的方式是将盐溶解到各种食物中自然而然吸收。"这个新鲜而又生动的比喻含义深刻、蕴意丰富,从重要性、科学性、艺术性、溶解性的不同维度进行了系统阐述。习近平总书记非常重视课堂教学与思政教育的融合,他强调"要用好课堂教学这个主渠道,思想政治理论课要坚持在改进中加强,提升思想政治教育亲和力和针对性,满足学生成长发展需求和期待,其他各门课都要守好一段渠、种好责任田,使各类课程与思想政治理论课同向同行,形成协同效应。"本次会议的召开,对加强和改进高校思想政治工作有着深远的启发意义和鲜活的现实意义,对推进课程思政教学改革也提出了新的要求,指明了方向,提供了遵循。

2020年5月,教育部印发《高等学校课程思政建设指导纲要》(以下简称《纲要》),全面推进高校课程思政建设。《纲要》指出,全面推进高校课程思政建设是深入贯彻习近平总书记关于教育的重要论述和全国教育大会精神、落实立德树人根本任务的战略举措,高校要深化教育教学改革,充分挖掘各类课程思想政治资源,发挥好每门课程的育人作用,全面提高人才培养质量。课程思政是新时代中国高等教育的理论创新、实践创新,是构建全员、全程、全方位育人目标的重要举措,通过专业课程作为载体,寓价值观引导于知识传授和能力培养之中,帮助学生塑造正确的世界观、人生观、价值观。巧妙地"穿插"和"融合"与专业知识要素相匹配的思政元素,"在知识传播中强调价值引领、在价值传播中凝聚知识底蕴",如盐浸水、如沐春风、润物细无声,提高教学质量,促进课程育人,也是高校教师落实立德树人根本任务、不断提升育人能力、追求卓越的体现(图0-1)。

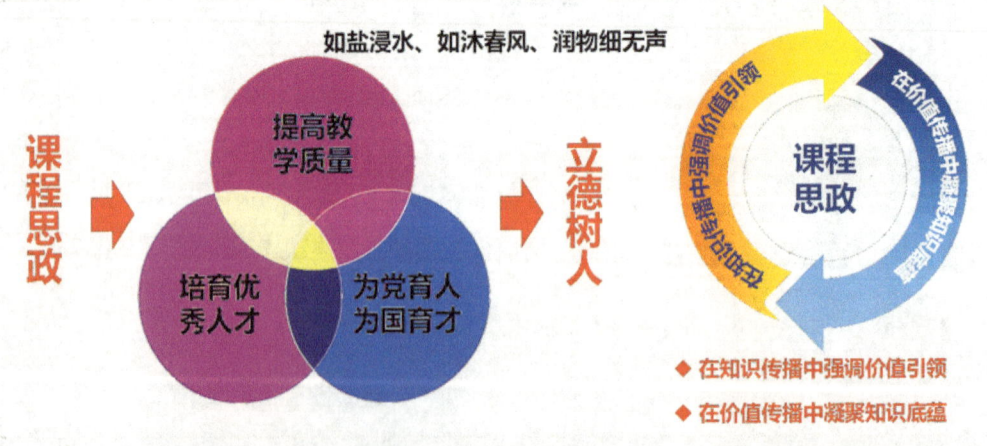

图0-1 课程思政的本质内涵:在知识传播中强调价值引领、在价值传播中凝聚知识底蕴

2017年以来，中山大学海洋科学学院认真学习领会习近平总书记关于教育的重要论述，聚焦海洋科学专业课程的实际情况和具体要求，构建具有海洋科学学科"脸谱化"特色的专业课程育人体系。在四个二级学科方向（物理海洋、海洋生物、海洋化学、海洋地质）内细化专业课程、深挖思政元素，以课程思政提升课程内涵，以课程内涵丰富课程教学，在体现学科专业特色的基础上实现思想引领与知识引领相统一、价值塑造与知识传授相统一，发挥好课程育人作用。围绕课程思政育人建设目标，以"理念—操作—管理—成效"为核心，建立完善"党委书记和院长牵头、分管教学副院长负责"的组织管理机制，发挥党支部战斗堡垒和党员教师先锋模范带头作用，加强组织领导，系统协同推进课程思政教学改革"三步走"战略和"六联式"工作机制，营造"对标卓越老师，全员踊跃参与"的浓厚课程育人文化氛围，取得了显著的育人成效。

1. 课程思政教学改革"三步走"战略规划

依托海洋科学专业的天然优势，学院构建了"愿意做—怎么做—继续做"的课程思政教学改革战略规划（图0-2）。通过"三步走"战略规划，形成全院"自上而下又自下而上"的自觉行为，成为学院育人文化的一部分。

图0-2　中山大学海洋科学学院课程思政教学改革"三步走"战略规划

（1）第一步"愿意做"。

重点围绕"一个基础、两个任务"达到"一个共识"的目标。第一课堂是人才培养的主阵地、主渠道。学院自建院伊始就高度重视教风建设，每学年组织院内听课评教两三百人次，收集反馈教学建议并针对性的反馈给授课教师和授课团队，落实整改台账，不仅实现教学质量的不断提高，还让师德师风建设成为常态。良好的育人氛围和院内听课评教制度是开展课程思政教学改革的基础。发挥支部书记和班主任的带头作用，结合具体课程采用"一对一"商讨的方式，共同明确课程思政教学改革的核心步骤和具体操作流程，全方位提升教师教学积极性与主动性。在海洋科学学院前三批次的课程思政教学改革尝试中，55门专业课程中由支部书记和班主任牵头的达到36门次，占比65%。通过上述举措，全院教师达成共识，即思政元素与专业要素的有机融合能够促进学生更好地学习，激发学生"至诚报国、投身海洋"的理想追求。

(2) 第二步"怎么做"。

这部分的核心在于"两固定、一分享"。两固定,一方面是指要求,学院层面制定教学改革计划,通过与授课教师与授课团队的交流讨论,结合课程特色共同梳理课程所蕴含的思想政治教育元素和所承载的思想政治教育功能,将其纳入课程教学大纲,作为课堂讲授内容(或章节)和学生考核关键知识;另一方面是指导向,在每期新进教师专业培训、课程试讲、团队集体备课等环节,均邀请有经验的老师和专家分享经验收获、交流感悟,大家面对面讨论,引导新入职教师融入环境,多渠道畅通教学改革各个环节。

(3) 第三步"继续做"。

学院成立"海洋科学专业课程思政"教研室,由书记和院长担任教研室主任,由副书记和教学副院长担任副主任,加强过程管理和目标导向,通过完善课程思政教学改革实施方案并纳入教师工作考核之中,达到建章立制的效果。不断收集、整理和提炼专业知识要素与思想政治元素有机融合的案例,每学期召开1-2次课程思政教学改革讨论会,构建"课程思政智慧+"线上教研室(图0-3),将全院行为固化为学院育人文化,全过程保障课程思政育人成效。

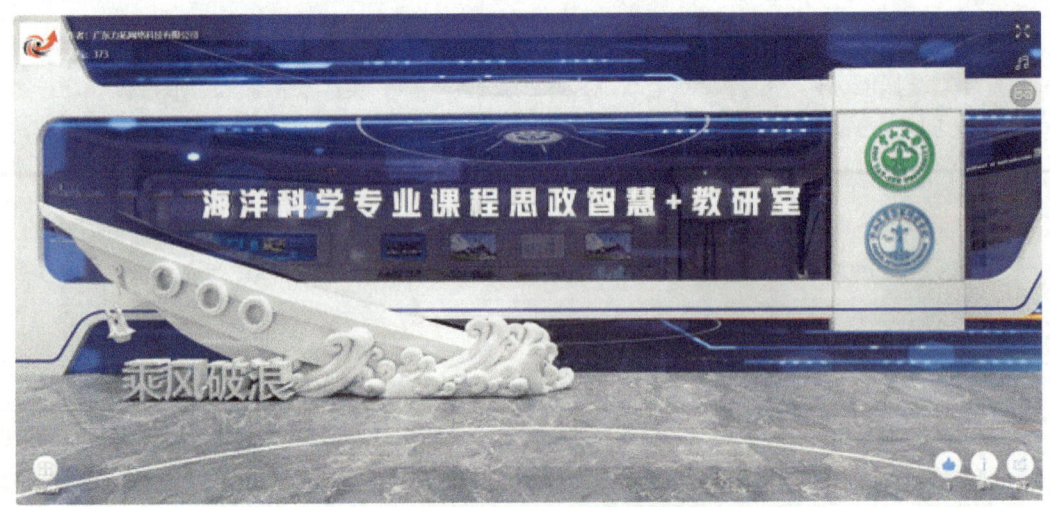

图0-3 中山大学海洋科学专业"课程思政智慧+"教研室

2. 课程思政教学改革"六联式"工作机制

在实际实施过程中,采用"六联式"工作机制,即一个核心目标、两个参与主体、三个管理维度、四个执行步骤、五个元素主题和六个评价指标(图0-4)。

(1) 一个核心目标。

核心目标是培养德才兼备的海洋事业接班人和未来的海洋科学家,通过"6字(红、蓝、青、特、精、通)协同"理念,即传承红色基因纯色、打造海洋专业底色、张扬青春奋进彩色、提升海洋学科特色、增强教学质量本色、融入通识教育成色,达到"承红船壮志,育蓝海鸿儒"的人才培养目标。

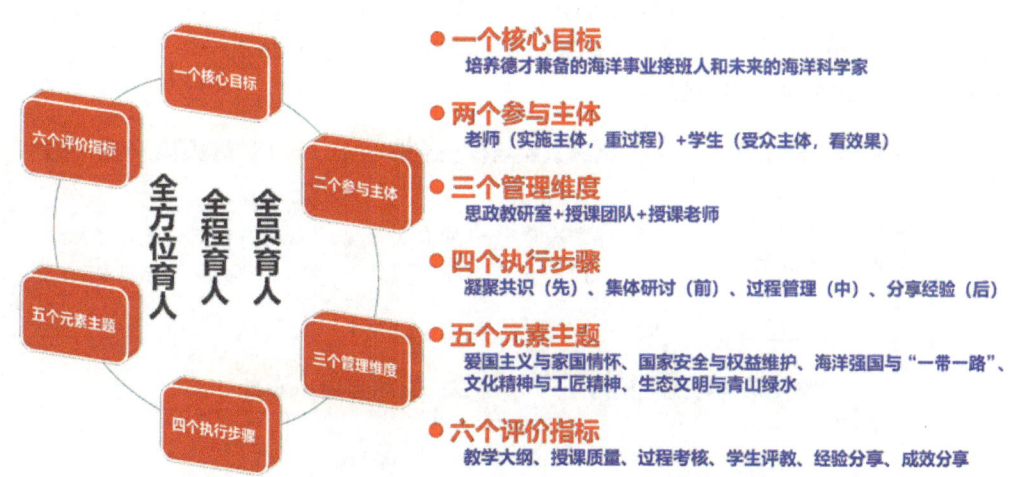

图 0-4 中山大学海洋科学专业课程思政"六联式"工作机制

(2) 两个参与主体。

课程思政教学改革的两个参与主体，老师是实施主体，重过程；学生是受众主体，看成效。因此，在执行过程中，两个不同主体的感受是不同的。老师层面为"三不"，即通过交流座谈讲透实施目的和方案意义让老师"不抵触"、通过共同研判提炼具有学科普适性和课程独特性的思政要素让老师"不慌乱"、通过"固化内容＋实时更新＋分享完善"的方式让老师"不盲目"。学生层面则表现为"三有"，即通过"国情教育＋主流价值观＋专业知识"的融合让学生"有收获"、通过讲好中国科研故事和科学家精神让学生"有感悟"、通过直面未来机遇和挑战让学生"有担当"，三者的耦合让同学们热爱自己的专业，更为主动积极的学习，成为德智体美劳全面发展、能够引领未来的创新型人才。

(3) 三个管理维度。

聚焦管理执行、研讨研判、实施主责三方面，构建"思政教研室－授课团队－授课老师"三重维度。教研室关注积累经验和提供案例，为老师们创造学习提升的机会；授课团队强调互相启发和取长补短，采用"传帮带"的方式，让新入职的年轻老师尽快成长；授课老师以备课为抓手，守好课堂教学主阵地。

(4) 四个执行步骤。

针对具体课程，以"先—前—中—后"四个步骤开始。凝聚共识在先，共识靠交流、靠探讨、靠榜样、靠情怀；集体研讨在前，要突出集体的智慧、突出典型案例的剖解分析；中期狠抓过程管理，落实到具体事务，教学大纲＋教材＋授课PPT＋课程考核是关键；后期强调分享经验，鼓励教师收集素材、总结经验、形成材料。这样，教师个体与学院集体就必然会同心同德、同向同行。

(5) 五个元素主题。

在授课教师长期不断丰富完善的实践教学内容中，探寻提炼课程所蕴含的思政元素，有机融入课程教学，梳理课程所承载的思政教育功能。目前，采用"边实施、边整理、边完善、边改进"的方式，已经初步凝练出具有海洋科学专业普适性和课程独特性的思政元素,从"爱国主义与家国情怀""国家安全与权益维护""海洋强国与'一带一路'""文化精神与工匠精神""生态文明与绿水青山等五大元素(图0-5),激发学生至诚报国、投身海洋的理想追求。

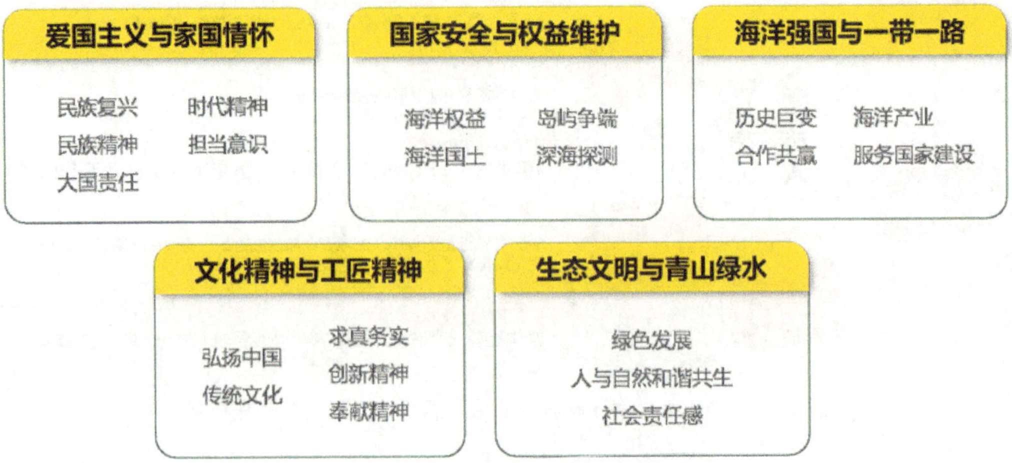

爱国主义与家国情怀
民族复兴　时代精神
民族精神　担当意识
大国责任

国家安全与权益维护
海洋权益　岛屿争端
海洋国土　深海探测

海洋强国与一带一路
历史巨变　海洋产业
合作共赢　服务国家建设

文化精神与工匠精神
弘扬中国　求真务实
传统文化　创新精神
　　　　　奉献精神

生态文明与青山绿水
绿色发展
人与自然和谐共生
社会责任感

图0-5　中山大学海洋科学专业课程五大思政元素内容

(6)六个评价指标。

一门专业课课程思政教学改革的成效考核指标采用虚实结合的方式,围绕"教学大纲、授课质量、过程考核、学生评教、经验分享、成效总结"开展,突出教育与隐性教育相结合、突出课堂教学质量和课后教育延续相结合、突出案例完整性和代表性相结合,鼓励教师围绕教学改革凝练经验并分享,考核指标不唯一、不指派、不定量。

3. 育人实践成效

在课程教学过程中贯穿课程思政建设内容,课堂教学营造了良好的学风与教风,授课教师的积极性与主动性得以充分调动,授课教师分析已有经典教学案例,构建兼具育人普适性和海洋课程代表性的思政元素体系,落实教学大纲的梳理与完善,丰富课件内容,分享经验收获交流感悟。学院在前期工作基础上,强化过程管理和目标导向,充分与授课老师开展调研座谈和经验交流,通过积累素材不断丰富完善课程案例库。截至2023年底,学院已经分批次实施了82门专业课程的课程思政教学改革(图0-6),实现专业课程的全覆盖。课程负责人由党支部书记、党员、班主任、民主党派老师构成,其中公共选修课8门,专业必修课54门,专业选修课20门,覆盖大一至大三年级的本科生课程,"海洋生态学"和"海洋地质学"先后被评为广东省课程思政示范课程。课程思政建设工作的开展,展现出学院学生思想素质好,政治觉悟高,有逾77%的本科生递交了入党申请书;一大批品学兼优的选调生扎根基层,逐梦海洋新时代;一大批基础扎实、后劲充沛的优秀毕业生进入世界名校深造;已受邀向国内多个相关高校院系分享经验,在2019年全国"三全育人"综合改革试点工作专题研讨会、2019年新时代高校地球科学教学改革与创新研讨会、教育部高等学校海洋科学类专业教指委第五次工作会议等会议上介绍学院的做法和经验,并得到《人民日报》、《新华网》、《广州日报》、《南方都市报》等多家媒体的宣传报道。2023年11月成功举办全国海洋科学类专业课程思政教学研讨会,辐射28家涉海单位、120多位海洋相关教师和科研人员,有效促进海洋科学类高校、专业全面推进课程思政建设，使海洋科学类专业课程与思政课程同向同行。

图0-6 中山大学海洋科学专业课程思政教学改革部分成效

4. 总结与感悟

总结海洋科学专业课程体系构建的思路与成效，我们认识到以下几点：①学生能自然接受，认为就是课程的一部分。国情教育和主流价值熏陶，是其最为基本的两个维度。②能够引起学生情感共鸣，有效地激励学生产生学习内动力。自豪感和认同感是学生愿意主动学习的基础。③能够有效促进学生对课程知识的理解、掌握与深化。思政元素与专业知识要素能够"巧妙地"融合。④要像盐溶于汤中，要产生化学反应，而不要物理焊接，更不要堆砌。课程思政不是抛开业务主线，而是在专业知识体系的传授过程中，备课组及任课老师结合历史传承和时代背景，挖掘课程知识理论中的育人要素，课程思政对于学生更好地理解和接受专业知识的教育是有促进效应的。与专业知识要素进行"巧妙地"穿插、融合和引申，这是一名卓越的老师、有情怀的教师应该追求的境界。

通过咬定青山不放松的坚持，课程思政已浸润学院每一位教师的心田。通过分阶段、分步骤地开展课程思政体系建设，按照学科方向进行分类，又兼顾各学科方向的交叉融合，在扎实的海洋科学理论基础之上，深入学习各专业方向课程知识，学有所思，学为所用，学以强国，这正是课程思政元素贯穿始终的有力体现。

案例一 "海洋生态学"课程思政教学实践

课程名称：海洋生态学
主讲教师：何蕾（副教授）、殷克东（教授）
　　　　　谢伟（教授）、李朋辉（助理教授）
课程性质：专业必修课
授课对象：海洋科学专业二年级本科生
授课章节：海洋污染（海洋塑料污染）

一、课程思政教学理念与目标

1. 课程思政教学理念

"海洋生态学"是海洋科学专业的核心专业必修课。结合课程特点,引导学生树立正确的世界观、人生观、价值观,勇敢地肩负起实现中华民族伟大复兴的理想和责任,全面提高学生的思想政治素质,涵盖以下三点:①通过让学生了解海洋污染的过程、成因和机制,培养学生发现问题、分析问题、解决问题的能力。②通过一些海洋污染实例,树立学生的良好职业道德和敬业精神,培养学生的历史使命感和社会责任感,使学生在使用海洋的时候注意保护海洋。③通过课堂讨论,培养学生搜集文献的能力、分工合作的能力、语言表达的能力、总结概括的能力。

2. 课程思政教学目标

让学生感受到环境保护、绿色发展、生态文明建设的重要性和紧迫性。生态文明教育是保护和改善生态环境的根本措施,培养学生成为环保宣传的使者,向他们的家人、朋友宣传环保的理念,从根本上提高全社会的环保意识,从而推进全体社会成员认同和投身于绿色发展的中国道路,实现人与自然和谐共处,实现人类命运共同体的可持续发展。

二、课程思政教学思路与方法

1. 课程思政教学思路

以视频为导入,引出海洋污染定义、特点、分类、成因等课程内容,在讲解过程中一步一步引导学生,让学生了解海洋污染的过程和成因,从而了解用科学的方法发现科学问题的思路和过程。之后以角色扮演的方式,让学生讨论作为使用者、生产者、管理者,分别应该如何处理海洋污染的问题,从而培养使命感和责任感。最后,引出需要每一个人的参与,才能让地球、海洋可持续地发展,实现美丽中国梦。

2. 课程思政教学方法

以海洋塑料垃圾污染为例,首先用大量图片(使用中山大学海洋科学家参与载人深潜时所拍摄的照片和影像资料)展示海洋初塑料垃圾缠绕、毒害海洋中大型生物的现象,以直观的图片刺激学生,激发学生的同情心。之后介绍海洋塑料污染的现状,让学生了解海洋塑料污染的来源、污染的程度和污染的危害。在阐明海洋塑料垃圾的现状、危害的同时，还从全球治理方面切入，说明塑料排海、跨界传输等管理和外交问题，进一步指出海洋塑料污染不仅是科学问题，也是政治问题。通过解读"海洋命运共同体"这一理念，希望学生们站在全球视野和共同维护海洋的高度，树立以海洋命运共同体理念引领全球海洋治理大格局。

3. 教学环节的设计、组织和实施

本着以学生为中心的理念，课堂教学方式由原来的以教师讲授为主改为线上、线下混合式教学模式。以在线课程以依托，把信息技术与教育教学深度融合，形成"三位一体"的教学模式，在课前、课中、课后都融入思政元素，让学生树立生态环保的科学理念，正确对待人与自然的关系，引导学生树立敬畏生命、敬畏自然、人与自然和谐共生的理念，培养学生以人为本、尊重规律、人与自然和谐相处的人文情怀。具体实施情况如下（图1-1）。

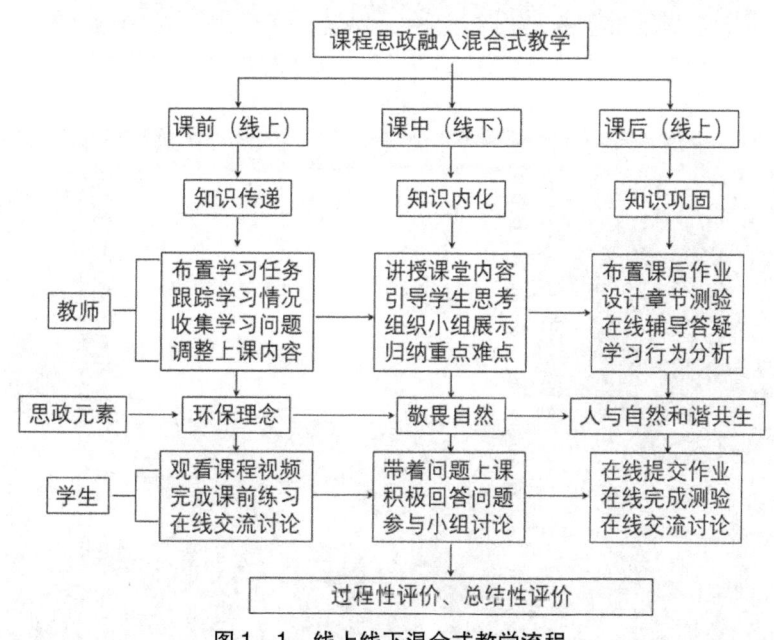

图1-1 线上线下混合式教学流程

（1）课前预习环节（线上）。本环节主要是知识的传递。教师在线发布教学任务和学习目标，学生登录学习平台，并根据自己的时间在线观看课程视频进行课前预习。课程视频中蕴含了环境保护理念。

（2）课堂授课环节（线下）。本环节主要是知识的内化，以教师在课堂授课为主。通过预习，学生可以带着问题进入课堂，课堂上教师可以利用图片、动画或视频等形式对课程主题进行深入的讲解，其中有一些是触目惊心的海洋生物被塑料污染毒害的图片或视频（图1-2），以强烈的视觉冲击激发学生敬畏生命、敬畏自然的情感。课堂上针对海洋塑料污染，让学生讨论作为使用者、生产者、管理者，分别应该如何处理海洋污染的问题，学生通过思考进行回答（图1-3），教师对回答进行追问并点评，从而锻炼学生语言表达、总结概括等能力。

图1-2 "海洋生态学"授课PPT：海洋生物塑料污染毒害

图1-3 "海洋生态学"课堂讨论及回答

(3) 课后复习环节（线上）。本环节主要是知识的巩固。课后给学生布置作业，以巩固课堂上所讲授的知识点。为了启发学生的思维，在平台的讨论区会发布一些开放性的问题供学生思考，如"你认为都应该采取哪些措施减少海洋塑料垃圾污染"等（图1-4）。

图1-4 学生在"海洋生态学"平台上的讨论

三、课程思政教学评价与考核

1. 教学评价

（1）学生评价显现思政效果。学生的评价是检验教学效果的重要方式之一，这几年学生评教的平均分为97.87，在全校课程百分比平均为9.6%。在课程教学平台上学生也给出了积极评价（图1-5）。有的学生认为，"老师的授课方式生动有趣，循循善诱，知识点文字结合图片、视频，让人感觉不枯燥；老师不仅在课上传授丰富的学科内容，也会在平时对我们进行思想政治教育，培养我们的家国情怀。"也有学生认为，"老师不仅仅是传道授业解惑，而且常常对我们进行政治教育，开导学生，劝告我们努力学习，刻苦奋进，珍惜今天的时光。课程中的思政元素，让我们更加了解到作为新时代海洋科学学生的时代使命，明白国家对于海洋事业寄托的厚望。在日常生活中，我们要作为海洋的科普人，传播海洋学院院故事，弘扬海洋文化，为海洋发声。"

图1-5 "海洋生态学"课后学生评价

（2）学校督导评价优秀。学校督导给予了高度的评价："授课者有较为扎实的专业基础知识，备课认真，授课有激情，语言紧凑，不拖沓，包涵的信息量大；PPT文图配合较好、恰当，提纲清晰，讲授层次好；台风较活泼，走进课堂提问，有力地调动了学生学习积极性。"

2. 成绩考核

课程思政考核贯穿在以下三个部分，即平时表现考核、应用能力考核和基础知识考核。通过过程性考核与期末考核，把平时表现、应用能力和基本知识考核相结合，改变学生死记硬背、期末临时抱佛脚等以应付考试为目的的学习方式，全面考核学生的学习能力、综合应用能力、沟通表达能力和团队合作能力。

（1）平时表现考核。占总成绩的20%，主要以学生的作业完成情况、课堂提问、出勤和讨论等作为考核依据，课程思政元素也融入在作业和提问中，这一部分主要在线上完成。

（2）应用能力考核。占总成绩的30%，根据教学内容，同时设计一些热点话题供"翻转课堂"使用，组织小组讨论并展示，教师对展示内容进行提问、点评并打分，学生通过思考进行回答，从而锻炼学生搜集文献的能力、分工合作的能力、语言表达的能力、总结概括的能力。通过这种考核方式让学生进一步巩固和消化理论知识，教师也可以从他们的表述中了解学生的思想动态。

（3）基本知识考核。占总成绩的50%，主要考核学生对基本概念、基本理论、基本过程和基本规律等知识点的理解和掌握程度，采用闭卷考试方式，试卷中会出一些开放的问题，从而可以了解学生的价值观。

四、课程思政教学特色与创新

思政教育贯穿在整个教学过程中。在课程视频中融入环境保护理念;在课堂上以案例式、启发式教学,传授知识,提升能力;在课后的作业和讨论中也融入思政元素,引起学生思考,渗透价值引领。通过视频素材、课上传授、课后作业和思考等多个维度,激发学生对环境保护的意识,树立环境保护的信心,增强美丽中国梦的使命感。

五、课程思政教学效果与推广

"海洋生态学"课程获2020年度广东省课程思政示范课程(图1-6);"海洋生态学"课程思政教学改革获广东省本科高校2020年度课程思政优秀案例二等奖。"基于'五个融合'的'海洋生态学'一流本科课程建设与实践"获2021年度中山大学校级教学成果奖一等奖。

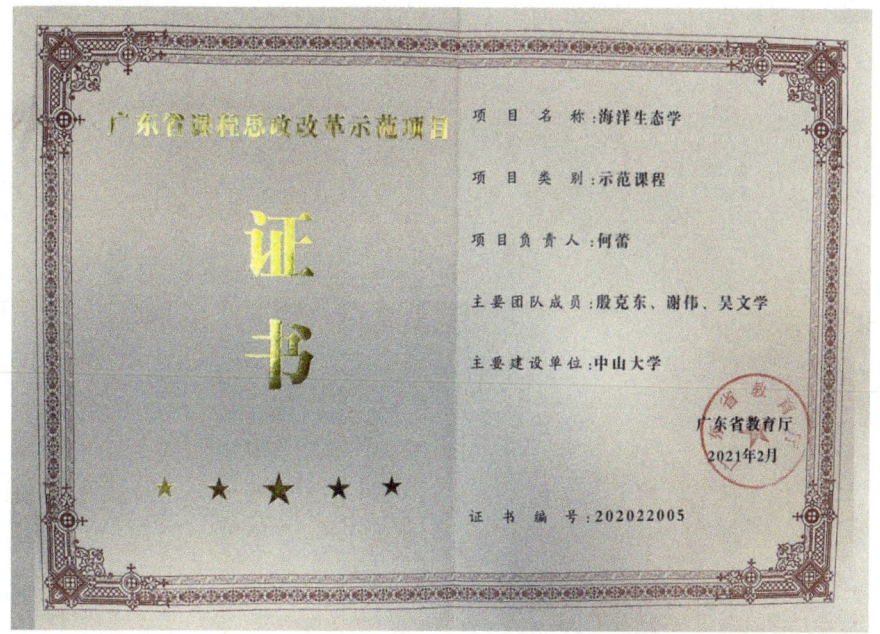

图1-6 "海洋生态学"获2020年度广东省课程思政改革示范课程

"海洋生态学"这门课运用先进的教学理念,结合课程特点适时融入家国情怀、社会责任、科学精神、职业操守、团队合作等思政元素,将价值引领贯穿课程教学始终,实现潜移默化、润物无声的育人效果。该课程先后在中山大学研究生院、微电子科学与技术学院等进行经验交流。同时该课程运用现代信息技术开展线上、线下混合式教学,获得学生们的好评。这门课经过精心打造,在思政教育、实践教育、混合式教学等方面可以起到一定的推广应用效果。

六、课程思政教学反思

(1) 教育者先受教育。教师是课程思政的直接实践者,专业教师大部分精力都集中在专业课的教学中,对思政教育认识还不够,并且在思政教育能力上也有待提高,只有教师用心、用情,才能让学生产生共振、共鸣。所以要加强教师队伍的系统规划,把德育意识培养纳入到教师日常培训体系,提高教师德育意识和价值教育能力。

(2) 提炼思政元素。教师需要进一步分析专业课内容和思政内容之间可能存在的内在联系,深入挖掘课程思政元素,更新并完善教学大纲,将思政教育贯穿于教育教学全过程、各方面,在立德树人上实现同向同行。

(3) 润物细无声。由于专业课学时有限,在讲授专业知识的同时融入思政元素,在深度和广度上有限,所以教师要整合思政元素中的育人资源,选择恰当的方式融入到专业课程的教学中。

案例二　习近平总书记"两山理论"和"家国情怀"意识在核心通识课"地质景观与资源"中的教学实践

课程名称： 地质景观与资源
主讲教师： 刘维亮（教授）、夏斌（教授）
思政理论： 谷曼（广州新华学院马克思主义学院）
课程性质： 公共选修课
授课对象： 全校本科生
授课章节： 《地质景观与资源》所有章节

一、课程思政教学理念与目标

1. **课程思政教学理念**

(1) 培养学生建立起对人与自然关系的正确认识,即"两山理论"——"我们既要绿水青山,也要金山银山。宁要绿水青山,不要金山银山,而且绿水青山就是金山银山。"

(2) 培养学生在学习地球演化历史中各种景观和矿产资源的成因问题时,思考各种地质营力相互作用关系中蕴含的辩证唯物主义原理,加深对马克思主义哲学基本原理的理解。

(3) 将我国在保护、改善、合理利用地质资源环境方面的典型实例融入到课程教学中,尤其是中山大学与丹霞地貌的"不解情缘",切实激发同学们在学习中建立"家国情怀"。

2. **课程思政教学目标**

使学生通过学习"地质景观与资源"这门地球科学通识课,能够运用马克思主义的哲学观分析思考地球演化历史中的基本科学问题,如渐变与灾变、局部与整体、物质第一性等;同时深刻认识人与自然关系中自然的优先性、本源性和人与自然的最终和谐关系将是"既要绿水青山,也要金山银山"。深刻理解"两山理论",树立"家国情怀",践行可持续发展理念。

二、课程思政教学思路与方法

1. **课程思政教学思路**

(1) 时间和空间概念是地球科学的基本概念,也形成了地球科学研究的基础理论框架。所有的地质景观、地质矿产资源都是在一定的空间中经历了地质历史的时间过程,在多种因素综合作用下形成的。因此,在地球演化的基本概念、地质体形成的基本营力、地质矿产资源形成的过程之中可以蕴含马克思主义辩证唯物主义的很多基本原理。通过介绍课程中的基本概念、原理,折射引申出马克思主义辩证唯物主义的基本原理和思想。如地球的起源和古生物的演化引申出世界的物质性;特定地质景观和矿产的形成具有特定的地质条件,反映了规律的普遍性和客观性,也折射出主要矛盾和次要矛盾的关系;人的地质作用映射出意识能动性的原理等。

(2) 人的地质作用是地质营力的重要方面，自然的各种地质作用是地质营力的基本方面，在具体的地质景观和资源形成、开发过程中引申介绍人和自然的相互作用。进而匹配"两山理论"，阐述"既要金山银山，也要绿水青山"。

(3) 地质景观与资源是特定的时空环境下的产物，通过举出特定的地质营力所形成的特定地质景观和资源在开发利用过程中的成功和失败的实例，潜移默化地渗透人和自然和谐发展的"两山理论"——"宁要绿水青山，不要金山银山，而且绿水青山就是金山银山。"

(4) 通过在介绍特定地质景观与资源开发中我校涌现出的先进人物、先进事迹，使同学们在潜移默化中了解先进人物就在我们身边、优秀与卓越离我们并不遥远，践行"两山理论"需要从我做起，进而在如坐春风中树立"家国情怀"。

2. 课程思政教学方法

1) 教学方法。①基础地质概念折射辩证唯物主义基本原理的教学方法；②特定地质景观与资源实例阐述"两山理论"的教学方法；③结合热点话题引入教学兴趣的教学方法，如疫情之下的人和自然、周星驰电影《美人鱼》中人和海洋的关系等；④结合授课教师地质工作实践经验引入话题和思辨的教学方法，如塞罕乌拉林场植树造林和沙尘暴以及风的地质作用的关系、大堡礁珊瑚白化反映海洋和人类活动的关系、西藏冰川消退反映冰川地质作用和人类活动的关系等；⑤结合短视频、微信推送、课堂PPT展示和师生互动，充分调动学生学习积极性的教学方法。

2) 教学案例。

(1) 认识我们的家园：地球的空间构成。①疫情之下的人和环境短视频——"两山理论"，人和自然和谐相处；②胜利油田采油厂拦海大坝爱国主义教育基地——"两山理论"；③香格里拉金矿研究——"既要绿水青山，也要金山银山"，党中央的脱贫攻坚实例和成果（图2-1）；④三大岩类的转化——运动普遍性规律；⑤青藏高原与江南水乡的关系——物质世界联系普遍性和运动永恒性原理（图2-2）。

(2) 认识我们的家园：地球的发展演化。①地球的年龄研究与上帝创造世界的对比——世界的物质第一性原理，世界不是意识创造的；②地层叠置律反映的生物进化——事物是螺旋上升式发展的（图2-2）；③生命的起源和寒武纪生命大爆发——意识是物质发展的结果，我国科学家的开创性贡献；④内外动力地质作用和人类的地质作用——"两山理论"，人和自然和谐相处。

(3) 火山景观与资源。①死火山、活火山和休眠火山的关系——联系的普遍性和运动的永恒原理；②五大连池火山国家地质公园的开发——"两山理论，绿水青山就是金山银山"；③夏威夷火山链转向和青藏高原形成的关系——联系的普遍性原理；④无锡"阳山水蜜桃"甜的地质因素、腾冲火山地质开发、火山泥浴、矿泉水开发——"两山理论"，"绿水青山就是金山银山"。

图2-1 "地质景观与资源"授课PPT:"两山理论"在我国取得的成就和人与自然和谐相处的重要性

图2-2 "地质景观与资源"授课PPT:地质学知识中蕴含的马克思主义哲学基本原理

(4) 雅丹景观与资源。①雅丹研究开拓者陈宗器先生在解放前后为党、为国家、为人民奉献的事迹——学党史，明担当，家国情怀；②内蒙古查干诺尔的治沙故事——"两山理论"，党中央脱贫攻坚计划，家国情怀；③罗布泊雅丹——"两弹一星"选址故事，爱国主义教育，党和人民军队艰苦创业，家国情怀；④新疆雅丹——反分裂，我国自古就是多民族统一的国家，爱国主义教育，家国情怀（图2-3）。

(5) 河流景观与资源。①河流阶地成因与我国原阳梯田——爱国主义教育，民族自豪感教育；②河流的侵蚀和堆积作用，三十年河东三十年河西——联系的普遍性和运动的永恒性；③我国西部山区河流的水电站开发，三峡大坝——"两山理论"，党带领人民集中力量办大事，爱国主义教育，家国情怀。

图2-3 《地质景观与资源》授课PPT：老一辈地质工作者的家国情怀

(6) 土林景观与资源。①西藏扎达土林的成因和古格王朝的兴衰——"两山理论"；②西藏扎达县的绿色大棚蔬菜——党中央脱贫攻坚计划，爱党、爱国教育，家国情怀。

(7) 丹霞景观与资源。①中山大学自两广地质调查所以来与丹霞研究的历史关系以及涌现出来的陈国达、黄进、彭华等先进人物的感人事迹——爱国主义教育，家国情怀；②丹霞申遗成功的自然和人文的关键美学因素——"两山理论"（图2-4）。

(8) 岩溶景观与资源。①岩溶作用的影响因素与全球碳循环、碳中和、碳排放——家国情怀，人与自然和谐发展；②岩溶洼地与中国天眼选址，南仁东的先进事迹——"两山理论"，爱党爱国教育，家国情怀。

(9) 湖泊、冰川景观与资源。①班公湖地质工作经历以及戍边战士的感人事迹——爱党爱国爱军教育，家国情怀；②盐湖的锂矿资源与新能源汽车——"两山理论",爱党爱国教育,家国情怀;③大陆和山岳冰川成因及其进退对全球气候变化的指示——"两山理论"。

(10)海洋景观与资源。①中山大学海洋科学学院海蚀地貌实习点被周星驰电影《美人鱼》选为外景拍摄地——人与自然和谐发展;②中山大学的西沙科考历史以及南海权益;"中山大学"号全国最大综合教学科考船——"两山理论",爱国爱党教育,家国情怀中大人勇立潮头(图2-4)。

图2-4 "地质景观与资源"授课PPT:中山大学家国情怀一脉相承,勇立潮头

3. 教学环节的设计、教学组织和实施

(1)教学过程。思路导图如图2-5所示。

(2)教学设计。以地质景观与资源图片或者短视频的形式引起学生对该节课堂学习的兴趣,提出问题(如这些景观是如何形成的?我国科学家在这些景观的研究中涌现出哪些卓越人物,做出了哪些贡献?这些景观与中山大学有怎样的联系等),进而激发学生的讨论,引出老师讲解本次课的主要内容、知识点和难点并将思政元素融入其中(教师选取该地质景观与资源的典型实例并融入思政元素),激发起同学们的辩证思考以及思考自己应该怎么做、如何做,深入理解"两山理论",潜移默化树立"家国情怀"。在教学中结合该课程具有直观性、时空具象性的特点,引入图片、短视频、学生展示等手段提高教学效果。

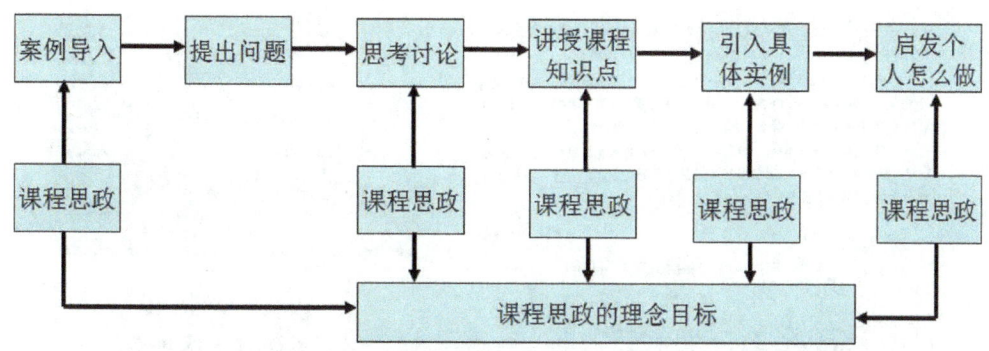

图2-5 "地质景观与资源"课程思政教学过程思路

三、课程思政教学评价与考核

以往自然科学类公选课的评价过于偏重专业知识评价,融入课程思政元素后,教学评价与考核,转变为专业知识评价与思想育人评价并重的方式。而"思政育人评价"采取教学过程中与期末综合评价相结合、多种评价手段共用的评价方式。

在课堂教学中,将学生的回答问题、课堂展示、小论文中对"两山理论"和"家国情怀"等思政元素的辩证理解和思考纳入考核体系之中,引导学生对学以致用、学为谁用的思考。

在期末的综合考核中,把地质理论知识点题目与主观题目相结合,主观题目偏重于考查学生对"两山理论""家国情怀"与自我担当等内容的真实思考的考查与评价。期末综合考查中这样的分数比例占到25%~30%(图2-6)。

在综合评价与考核中,结合平时课堂表现、平时PPT展示和期中考查,以及期末综合考查中对思政因素的理解进行综合评价。在评价中侧重于学生真正理解"两山理论"并能够用于指导自己的思维和行动的能力,真正使思政元素融入到自然科学课程的教学之中。

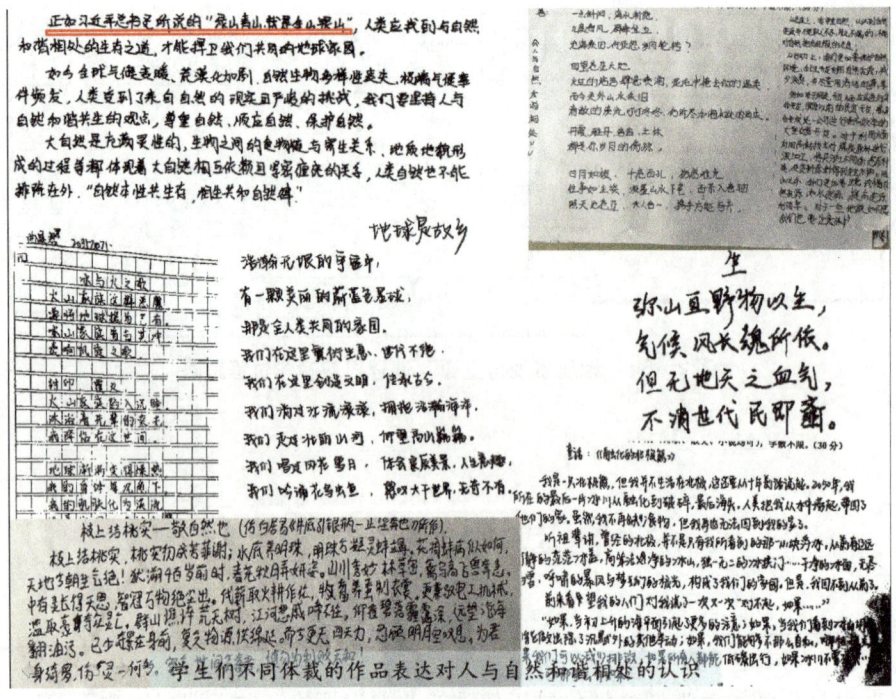

图 2-6 同学们以论述、诗歌、散文、小说格律诗词等体裁表达自己对"两山理论"和人与自然和谐相处的理解

四、课程思政教学特色与创新

（1）采用"隐性思政育人"的教学理念。通过短视频、图片、地质考查实例、热点话题等引入和课程相关的思政元素，使同学们在潜移默化中顺畅接受课程中包含的思政元素，而不是采用强制和灌输的方法。

（2）地球科学是具体的，往往有很多和实际生活密切相关的具体实例。特别是在具体地质景观和资源的研究中涌现出一大批先进人物和先进事迹，通过对这些先进事迹的讲解，一方面使同学们感到先进人物离自己并不遥远、从自己出发也可以到达优秀和卓越；另一方面激发起同学们学习该课程的兴趣，进而在学习中将先进人物的事迹和行为内化为自己的需求和行为指导，在轻松和潜移默化中建立"家国情怀"。

（3）采用学生课堂 PPT 展示、师生微信互动等多种手段及时交流，辅助育人工作的开展。授课教师在课后和课程结束后继续为同学们推送课程相关知识，促进全面育人（图 2-7）。

图 2-7 学生们积极参与课程展示以及课后和课程结束后老师继续"授"后微信推送的部分内容

五、课程思政教学效果与推广

本课程采用"隐性思想政治教育"的教学理念，意在用渗透性的、潜移默化的方式使大学生在耳濡目染中受教育。

此种教育理念，避免了"为了思政开展思政"的问题，力求在点滴之间影响学生，使其在学习本节课程中不知不觉地树立正确的人与自然关系的观念、建立家国情怀。特别是通过介绍我校在丹霞研究和申遗中的先进人物和故事、我校在西沙考查中的历史，以及我国查干淖尔治沙、南仁东和天眼选址、罗布泊"两弹一星"等先进事例，使同学们切身感到优秀与卓越离自己并不遥远，极大地增强学生认同感与自豪感。弘扬爱党、爱国、爱军意识，培育了对中华民族的价值认同和文化自信。提升了自己的历史使命感、时代紧迫感以及社会担当的精神。明白了自己也是"两山理论"的积极践行者，是中大人"家国情怀"的继承者。目前这门课程已经开课多年，每次选课都全员爆满，受到学生们的欢迎（图 2-8）。此外，这门课程的教学方法和一些案例也可以推广到其他海洋、地质类专业课程之中。

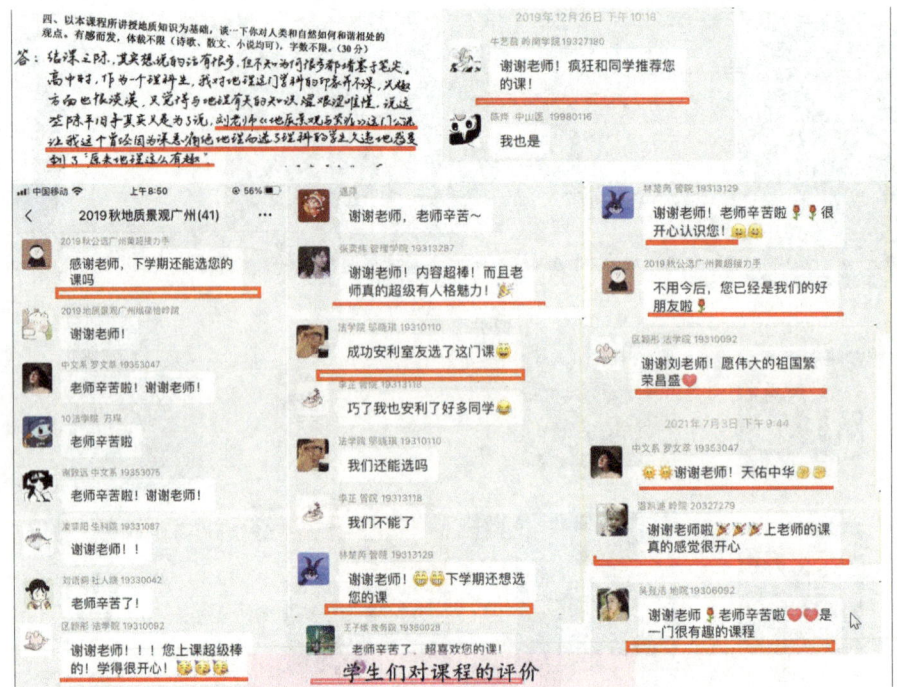

图 2-8 部分同学对该课程的评价节选

六、课程思政教学反思

通过多年的授课,有以下思考认为需要进一步提升。

(1) 作为任课教师应不断地提高自己的马克思主义理论水平,不断地学习本学科最新研究成果,不断地跟进党和国家的重大战略需求。这样才能够把合适的思政元素准确、有机融入到课程教学之中,才能让学生对你的教学认可,才能在润物无声中达到课程思政的教学目的。

(2) 课程思政融入到专业课教学之中是对人才的全面发展非常有益的,但如何注重课程思政融入的方式、比例以达到最好的效果,需要对融入的案例进行不断筛选、锤炼,选择最合适的案例、在最恰当的知识点以最顺畅的方式融入,这需要不断地进行实践和改进。

案例三 "海洋动物学"课程思政教学实践

课程名称：海洋动物学
主讲教师：黄志坚（副教授）
课程性质：专业必修课
授课对象：海洋科学专业二年级本科生
授课章节：《海洋动物学》所有章节

一、课程思政教学理念与目标

1. **课程思政教学理念**

    海洋动物学是海洋科学的一个主要学科,也是生命科学的一个重要分支。本课程以海洋动物为研究对象,坚持人与自然和谐共生,践行"绿水青山就是金山银山"的绿色健康发展及生态环境资源保护理念,通过研究生命的起源和演化,生物的分类和分布,发育和生长,生理、生化和遗传,揭示生命的本质、海洋动物的特点和习性及其与海洋环境间的相互关系,海洋中发生的各种生物学现象及其变化规律,进而利用这些规律,科学、合理开发海洋生物资源,构建海洋动物和海洋环境生命命运共同体,为人类生活和生产服务(图3-1)。

2. **课程思政教学目标**

    大力发展海洋战略是21世纪的主题,随着各国对海洋开发加速,海洋类人才的需求也在不断增加。培养合格的海洋类人才,满足社会需求,是我院办学特色和强项之所在。"海洋动物学"作为重要的专业基础课之一,与海洋环境监测、渔业资源保护与管理、海洋药物、食物开发、水产加工、水产增养殖、海洋渔业以及海洋高新技术的运用等海洋开发、海洋管理有着十分密切的关系。系统掌握海洋动物学知识,对学生今后从事相关职业具有十分重要的意义(图3-1)。通过海洋动物学教学探索、创新和建设,应用现代教学技术和先进教学方式,随时引进最新科研成果,充实教学内容,努力将海洋动物学建设成具有国内领先水平和较大影响力、特色鲜明、优势突出的海洋类本科教学课程,为培养理论基础扎实、应用能力较强的海洋类人才提供保障,同时也为高级人才培养,输送后备人才。

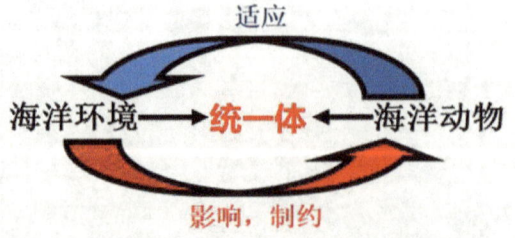

图3-1 "海洋动物学"课程思政教学理念

本课程遵照国务院《关于促进海洋与渔业持续发展的若干意见》（国发 2013 – 11 号文）和党的十九大报告中提出的乡村振兴战略，以介绍海洋动物的形态特征及分类方法为重点，通过课堂讲授、实验，使学生能在掌握外部形态、内部结构相关术语的基础上，培养和训练观察、分析、比较及表达不同生物之间的形态差异，即分类能力与技巧。结合各门、纲及主要目代表种的系统介绍和野外认识实习，使学生对生物的发生、发育及生长现象、规律，以及与环境之间的关系、当今资源开发利用现状、存在问题及今后发展方向有基本的了解。

二、课程思政教学思路与方法

1. 课程思政教学思路

本课程围绕海洋动物学教学目的，着眼于教学中的重点和难点，精心设计和合理安排实验教学的结构和内容，制订教学方式与方法。运用现代教育技术和方法，改进和提高授课艺术，利用立体化的教学环境、设施及手段，加强直观教学手段的运用，丰富海洋动物学教学方法和手段。结合理论教学内容，安排系列实验和参观实习，将理论和实践紧密结合，深化理论教学内容。在课程教授后安排每章小结，布置思考题，不定期安排学生根据老师提供的专业内容查找文献和相关资料，制作PPT进行课堂展示，拓宽专业视野，丰富教学内容。本课程让学生了解和掌握世界最新的海洋动物学基本知识和养殖技术及前沿理论，树立远大的中国梦、海洋梦，为将来从事有关海洋科研或生产、服务于我国海洋事业奠定基础，为人类生活和生产服务，为加快实施乡村振兴、全面实现小康社会、实现中华民族伟大复兴贡献力量。

2. 课程思政教学方法

课程主要通过"故事（story）"的形式，以课堂讲授、提问研讨、课后习题和答疑等多种教学方法和形式完成教学安排。

（1）"故事"展示。以故事的形式，聚焦海洋动物学各个重点和主要内容（图3 – 2）。

（2）课后拓展思考和习题作业。课程每章小结，布置思考题（图3 – 3），不定期安排学生根据老师提供的专业内容查找文献和相关资料，制作PPT进行课堂展示，拓宽专业视野，丰富教学内容。

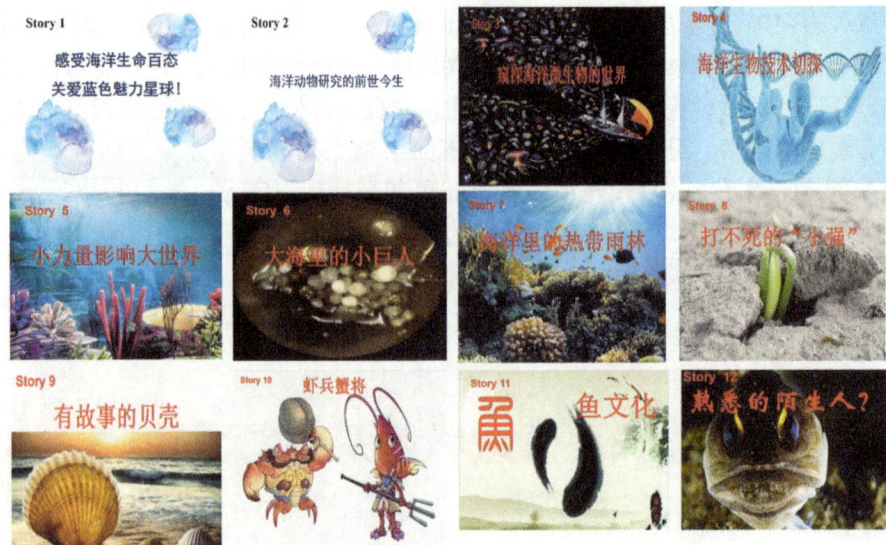

图3-2 "海洋动物学"授课过程中的"故事"展示

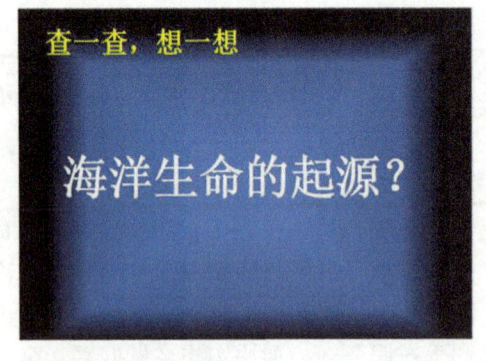

图3-3 "海洋动物学"课后思考题

（3）教学辅导。建立课程微信群，分享和讨论课程内容、研究进展，关心学生在学习上遇到的问题，随时接受提问，定期辅导，指导和推动学生之间交流学习方法。

（4）自学指导。对章节中较简单的内容，可布置学生自学，并要求学生去阅读一些相关资料，以使学生能有意识地更新自己的知识。让学生从以应试为学习动机、被动学习转变为以掌握本学科知识体系为主要目的、主动去学习。通过作业和课堂提问检测学生自学情况。

(5) 教学研结合。在教学中，特别注意介绍有关海洋动物学研究的研究方法和思路。教师积极参与学生课题、学生毕业论文科研的指导，以便使学生在科研中主动去学习、增强研究才能。在教学中，特别注意教、学、研三者的结合，在传授知识的同时，也传授学习方法和科研方法。

3. 教学环节的设计、教学组织和实施

在"绪论"中介绍海洋生物开发技术及利用现状，树立远大的中国梦、海洋梦，为将来服务于我国海洋事业、实现中华民族伟大复兴奠定基础；在"海洋动物的基本结构和功能""海洋动物的分类和特征""海洋动物学研究""海洋动物的养殖"中讲授海洋动物和海洋环境命运共同体、生态文明；在"海洋动物资源与海洋环境和人类活动"中介绍海洋动物和生态环境研究的最新进展，践行"绿水青山就是金山银山"绿色健康发展及生态环境资源保护理念。具体的教学环节设计见表3-1。

表3-1 "海洋动物学"课程思政教学设计与安排

主要教学内容	课程思政元素	重点内容和难点内容
绪论——海洋动物学概论、海洋动物学研究的前世今生	介绍海洋动物开发技术及利用现状，树立远大的中国梦、海洋梦，为将实现中华民族伟大复兴来服务于我国海洋事业、奠定基础	重点内容：物种、种群及分类系统，生物命名基本规则、表达及书写方法 难点内容：生物命名基本规则、表达及书写方法
海洋动物与海洋生物和环境的关系、海洋动物的基本结构和功能	人与自然和谐共生，海洋动物和海洋环境生命命运共同体	重点内容：海洋动物与海洋生物和海洋环境的关系；海洋动物的基本结构和功能 难点内容：海洋动物内稳态、主要组织结构、重要结构和功能
海洋动物的分类和特征、海洋无脊椎动物分类（原生动物门、海绵动物门、腔肠动物门、扁形动物门）	海洋动物和海洋环境生命命运共同体	重点内容：原生动物门、海绵动物门、腔肠动物门、扁形动物门的内外部形态结构、名称及功能 难点内容：各门动物的主要分类依据
海洋无脊椎动物的分类和特征（颚咽动物门、纽形动物门、腹毛动物门、动吻动物门、棘头动物门、有甲动物门、线虫动物门、线形动物门、轮虫动物门、环节动物门、星虫门）	海洋动物和海洋环境生命命运共同体	重点内容：颚咽动物门、纽形动物门、腹毛动物门、动吻动物门、棘头动物门、有甲动物门、线形动物门、轮虫动物门、环节动物门、星虫门的内外部形态结构、名称及功能 难点内容：各门动物的主要分类依据

续表

主要教学内容	课程思政元素	重点内容和难点内容
海洋无脊椎动物的分类和特征（软体动物门）	海洋动物和海洋环境生命运共同体	重点内容：软体动物门的内外部形态结构、名称及功能、发育特点 难点内容：软体动物门动物的主要分类依据
海洋无脊椎动物的分类和特征（节肢动物门）	海洋动物和海洋环境生命运共同体	重点内容：节肢动物门的内外部形态结构、名称及功能、发育特点 难点内容：软体动物门动物的主要分类依据
海洋无脊椎动物的分类和特征（缓步动物门、苔藓动物门、须腕动物门、帚形动物门、腕足动物门、毛颚动物门、棘皮动物门）	海洋动物和海洋环境生命运共同体	重点内容：缓步动物门、苔藓动物门、须腕动物门、帚形动物门、腕足动物门、毛颚动物门、棘皮动物门的内外部形态结构、名称及功能 难点内容：各门动物的主要分类依据
海洋脊索动物、海洋脊椎动物的分类和特征（鱼纲）、深海海洋生物和极端海洋生物	海洋动物和海洋环境生命运共同体，生态文明	重点内容：脊索动四个亚门的主要特征、脊索动物文昌鱼的形态结构及在进化上的意义；鱼类的外部特征及主要内部构造；深海海洋动物和极端海洋动物等不同种类 难点内容：脊索动物文昌鱼形态结构及进化上的意义
海洋动物研究的最新进展、海洋动物资源与海洋环境和人类活动	介绍海洋动物和生态环境研究的最新进展，坚持人与自然和谐共生，践行"绿水青山就是金山银山"的绿色健康发展及生态环境资源保护理念	重点内容：海洋动物学研究的最新进展 难点内容：结合所学的专业理论知识，结合前沿研究，解决海洋动物资源与海洋环境和人类活动的科学问题和实际问题

三、课程思政教学评价与考核

本课程通过课程思政元素的融入，提高学生的学习兴趣，增强了思维能力，教学效果明显。

课程考核分期末考试、平时作业、出勤等,其中期末考试成绩为70%,平常作业及出勤、学习态度占30%。考试采用闭卷形式。

四、课程思政教学特色与创新

海洋动物学是海洋科学的一个主要学科,也是生命科学的一个重要分支。本课程主要围绕海洋动物学教学,运用先进的教育技术和方法,紧密结合海洋动物学教学实践,开展海洋动物学教学探索研究,注重海洋动物学的科研成果转化,建立海洋动物学教学的创新体系,提高了教学质量,培养了海洋动物学研究和应用方面的新型人才。通过海洋动物学的课程开设,使学生以海洋动物为研究对象,践行"绿水青山就是金山银山"的绿色健康发展及生态环境资源保护理念,通过学习和研究,揭示了海洋动物的特点和习性及其与海洋环境间的相互关系,认识到应该科学、合理开发海洋生物资源。遵照国务院《关于促进海洋与渔业持续发展的若干意见》和党的十九大报告中提出的乡村振兴战略,海洋动物学可以让学生了解和掌握世界最新的海洋动物养殖技术及前沿理论,树立远大的中国梦、海洋梦,为将来服务于我国海洋事业奠定了基础,为人类生活和生产服务,为加快实施乡村振兴,全面实现小康社会实现中华民族伟大复兴贡献力量。

五、课程思政教学效果与推广

本课程教师总结多年的教学经验,编写了《海洋动物学实验》《海洋科学综合实习(海洋生物方向)》教材,参编了《海洋生物学》《细菌耐药危机下的挑战与对策》等教材和专著,发表相关教学论文,促进课程教学(图3-4)。运用现代教育技术和方法,在现场教学中实施、检验和完善海洋动物学教学体系,加强与学生互动,增强学生自主设计、思考和动手能力,充实海洋动物学教学体系。我校海洋动物学的研究水平在国内处于领先地位,部分领域达到国际先进水平甚至领先水平。本课程教师在实际教学中让学生提高了专业兴趣,提升了专业水平,及时了解和掌握了本专业和领域的最新进展和动态,积极鼓励学生参与有关教学和科研项目研究,提倡学生积极思考、设计和构思具有原创性的科研题目和想法。在多年实践教学的基础上,进一步总结和完善,整理各种教学资源和经验,逐步建立了具有鲜明特色的海洋动物学教学新体系。

图 3-4 已经出版的相关教材及专著

六、课程思政教学反思

海洋动物学课程思政教学还有待进一步完善和优化，在教学实践中不断升华。课程主讲老师应在专业知识和水平不断提升的同时，不断提高自己的马克思主义理论水平，丰富政治理论水平，在课程教学中融入思政元素，促进课程教学，达到课程思政的教学目的，让学生具备学习力、思想力和行动力，成为富有创造力的卓越人才，坚守理想，引领未来。

案例四 "海洋药物化学"课程思政教学实践

课程名称：海洋药物化学
主讲教师：李静（副教授）
课程性质：专业必修课
授课对象：海洋科学专业三年级本科生
授课章节：海洋天然产物（海洋天然产物的结构类型）、海洋生物活性物质的结构研究

一、课程思政教学理念与目标

1. 课程思政教学理念

课程思政是一种新的教学理念，以"立德树人"为根本任务，充分体现教师"教书育人"的根本职责。课程思政将社会主义核心价值观通过教学进行传递，达到"立德"与"求知"同步统一。课程教学不仅让学生学习专业知识，而且让学生在专业知识学习过程中认识其中所蕴含的文化和精神层面的价值，使学生树立正确的三观，深植家国情怀，培养文化认同，增强民族自信，强化课程的育人目的。

2. 课程思政教学目标

课程思政的教学目标应为价值引领、知识传授、能力培养三位一体（图4-1）。

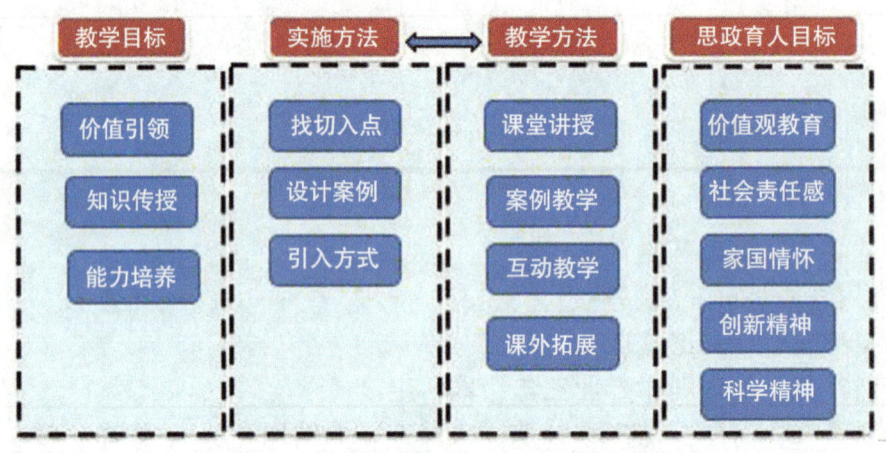

图4-1 "海洋药物化学"课程思政建设思路

该课程的培养目标：使学生掌握海洋药物开发的整体思路和相关原理，了解海洋天然药物采集、提取分离、筛选等技术；培养学生的海洋药物专业意识和开发海洋新药意识；能运用海洋药物化学的基本理论解决海洋药物生产工艺及生产过程中的若干问题，并具有一定的从事该领域研究的能力。该课程对我国海洋药物领域高层次后备人才的培养具有引导和激励作用，满足国家海洋强国战略需求，为建设海洋强国储备海洋人才。此外，该课程在基本理论知识的教学过程中结合思政教育，发挥海洋药物化学课程的育人功能，培养学生的家国情怀、社会责任感、科学精神、专业素养，达到立德树人的培养目标。

围绕教学目标，采取三步实施方法：①寻找合适的切入点，选择作为思政载体的知识点；②设计案例，可以结合历史事件、背景知识、社会热点、科学前沿等内容，将爱国主义精神、职业素养、科学创新精神等渗透到教学过程中；③结合具体案例选择合适的引入方式。实施方法与教学方法交融渗透，采用多元化的教学方法，教学活动可由第一课堂延续到第二课堂。第一课堂：课堂讲授、案例教学、互动讨论等；第二课堂：课后开放性思考作业、拓展性实践活动等。

二、课程思政教学思路与方法

1. 课程思政教学思路

海洋药物化学的教学主线为"海洋药物的采集、保存、筛选—海洋药用生物资源—海洋生物活性物质—海洋药物研发中所涉及的技术"。通过课程学习使学生掌握海洋药物开发的整体思路，从早期研发到成为上市药物的各个环节均有涉及，再通过具体实例介绍海洋药物的研发过程，以及海洋生物资源的综合利用开发，该课程具有综合性、应用性的特点。

2. 课程思政教学方法

教学方法：该课程在教师主讲的过程中，拟通过"案例法/线上线下混合式方法/对比法/图解法/化学结构剖析法"+"以小组为单元教学法"进行教学（图4-2），通过多种方式在教授学生专业知识的同时融入思政育人的元素，同时充分调动学生的积极性、主动性、竞争性。教学过程分为课前、课堂、课后三部分，在三部分的融合中充分体现着价值引领、知识传授、能力培养三位一体的教学目标。

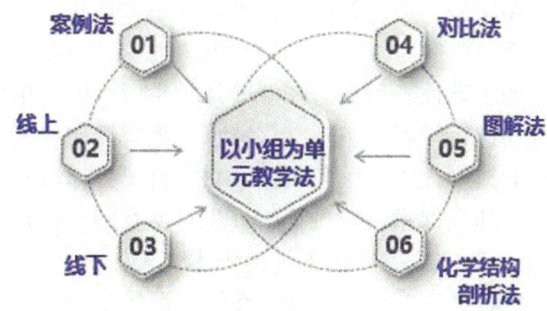

图4-2 "海洋药物化学"所采用的以小组为单元教学法

（1）教学案例1：分子的立体结构。

手性是一种常见的现象，采用常见事物引入法设计案例，通过一些学生熟悉的事物作为案例的开始（图4-3）。例如：海螺的螺壳都是右旋的，出现左旋的概率很小；星系的运动都呈圆形、椭圆形或涡旋形运动，多是左旋；太阳系的所有天体都是按照右旋方向旋转的；长瓣兜兰花两侧长瓣的螺旋是左右对称的，右侧是左旋，左侧是右旋；牵牛花、扁豆等的茎蔓是右旋的；等等。手性物质广泛存在于自然界，如很多生物大分子都是手性物质，核酸、糖类化合物、酶蛋白等，还有很多海洋天然产物小分子，并列举实例。其次，通过实例介绍手性分子不同的空间结构有不同的化学性质，存在不同的生物活性，引入"反应停事件"，通过对该事件进行详细介绍，一方面表明不同构型沙利度胺药理活性的差异，另一方面弘扬科学精神、增强社会责任感。再次，详细介绍解决天然产物立体化学问题的方法，在该部分进行介绍时结合科研前沿，引入最新的确定分子结构的新技术。通过引用诺贝尔化学奖得主的工作，启发学生，并激发学生的求知欲。最后，通过布置课后小论文的方式，让学生了解在该领域做出贡献的我国科学家的事迹，让学生学习科研工作者的科研精神、爱国情怀，同时了解我国科学家所取得的成就，也可以增强学生的民族自豪感、历史使命感、社会担当等。

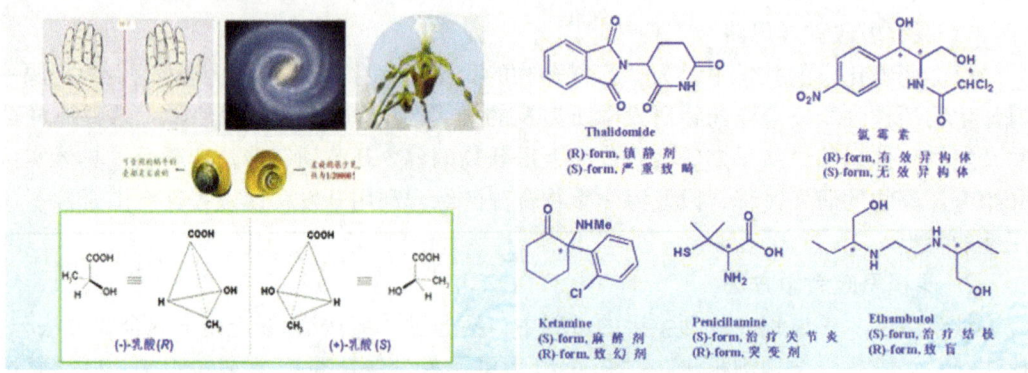

图 4-3 "海洋药物化学"授课 PPT：案例引入手性现象，介绍手性分子不同的空间结构有不同的生物活性

（2）教学案例 2：海洋生物活性物质中生物碱的介绍。

生物碱类化合物分类较多，传统的课堂讲授效果不太理想，学生容易感觉枯燥，并且难以记忆，在介绍该部分内容时可采用"案例教学法+以小组为单元教学法"，激发学生的兴趣，调动学生的主动性。首先，在课前让学生以小组为单位进行预习，每个小组选择一类生物碱化合物进行学习，包括结构特点、理化性质、提取分离等内容，同时了解化合物研发过程中的典型人物或医药案例，感受科研工作者和医药工作者的科研精神及爱国情怀。其次，教师在课堂讲授过程中，先对生物碱化合物相关的背景知识、典型化合物案例进行介绍。例如，介绍早在《神农本草经》中就有黄连治痢、麻黄定喘的记载，现代黄连素、麻黄碱等药物的开发，海洋来源的生物碱类活性物质的研发及典型人物事迹。通过以上案例，让学生坚定文化自信、学习科研工作者的责任感和使命感，增强爱国主义精神。再次，通过介绍麻黄碱被不法分子利用制造"冰毒"及造成的社会危害，引导学生树立强烈的社会责任感（图 4-4）。最后，在介绍生物碱分类过程中则与学生形成"互动性学习"，学生以小组为单位进行知识介绍、案例展示，教师则进行总结、查漏补缺，对相关问题进行讨论。在课后，通过布置作业、开放性思考问题、相关的拓展活性使学生巩固专业知识、自主思考问题、培养自己的综合能力，同时深刻体会知识中所蕴含的精神价值和情怀，提高学生的思想政治觉悟。

案例四 "海洋药物化学"课程思政教学实践   39

图4-4 "海洋药物化学"授课PPT：介绍麻黄的药用价值，通过"冰毒"的介绍引导学生树立强烈的社会责任感

3. 教学环节的设计、教学组织和实施

教学过程如图4-5所示。

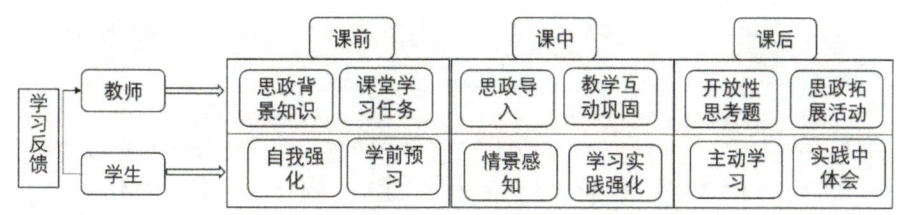

图4-5 "海洋药物化学"课程思政教学过程思路

具体的教学组织和实施分三个步骤。

（1）课前在班级微信群上发布本章节内容，并可通过提出相关问题或布置作业形式，让学生查阅文献资料，结合社会问题、科研前沿问题等让学生充分完成课前预习，并引起学生关注及兴趣。

（2）课堂教学设计。首先，阐明教学目标、教学内容、知识点、重点难点等。然后，在知识点讲授过程中，通过典型案例等引入思政元素，并在课堂上与学生形成互动式探讨，该环节以学生为中心，以小组为单位，充分调动学生的积极性，让学生对在课前的学习进行充分的展示，教师则起到引导、补充、纠正、总结的作用，让学生不仅对专业知识进行巩固，更对社会主义价值观进行强化。最后，布置开放性思考题、作业，让学生在课堂外一方面巩固学习专业知识，另一方面通过主动思考学习及相关的实践活动，深入了解所学知识并体会所包含的社会责任、科学精神、专业素养等。

（3）板书设计。在课程教学过程中，板书力求简洁、清晰、体现主题、突出重点。

可考虑结合吸引人的动画、图片、影像等。

三、课程思政教学评价与考核

课程思政教学评价与考核兼顾专业知识评价和思想育人评价两方面。据此，课程考核标准分为学科专业标准和思政标准。学科专业标准注重知识的掌握，思政标准以社会主义核心价值观为统领，注重职业素养与职业道德的培养。考核形式分为过程考核与结果考核，过程考核包括课前学习、讨论、随堂测试等，结果考核以期中、期末理论考试为主。每种考核中都增设思政方面的主观题，促进教学目标的达成（图4-6）。在考核方法上，可探索新的方法，如混合式教学考核方法，线上考核与线下考核结合，其中线上考核包括课前预习等，线下考核包括课堂讨论、随堂测试、相关作业等。课程思政教学评价方式可通过问卷调查、学校督导及学院老师听课等方式进行，依据学生及老师们的反馈不断进行改进，不断完善今后的教学。

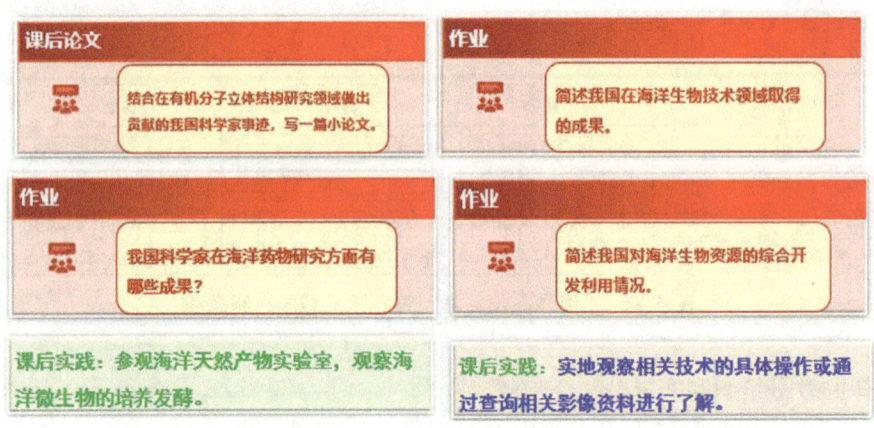

图4-6 "海洋药物化学"过程考核中涉及思政的学习、作业等

四、课程思政教学特色与创新

在海洋药物化学课程的教学中，以知识点为思政载体，结合历史事件、背景知识、

案例、社会热点、科学前沿等内容，挖掘课程的人文思想，将民族自信、爱国主义精神、职业素养、科学创新等渗透到教学活动全过程。

通过"案例法/线上线下混合式方法/对比法/图解法/化学结构剖析法"+"以小组为单元教学法"进行教学，通过多种方式在教授学生专业知识的同时融入思政育人的元素，同时充分调动学生的积极性、主动性、竞争性。

思政元素的引入方式，除了在课堂内容中引入，还可在课前预习的学习材料中引入，及课后通过"开放性思考题"的布置让学生去思考、体验。充分利用微信等网络平台资源对相关课堂内容进行展开讨论，结合社会热点、焦点问题引起学生的关注、思考，实现线上线下"求知"+"育人"的同步，增强课程思政育人的针对性和时效性。

五、课程思政教学效果与推广

课程思政元素融入海洋药物化学课程教学中，促进学生对海洋药物的热爱，激发学生对我国丰富的海洋药用生物资源的兴趣，促进学生对我国传统医药文化的热爱，激发学生了解我国海洋药物的兴趣，促使学生了解相关科学家，学习科学家勇于探索、大胆创新的科学精神、爱国精神。通过课堂互动、讨论、课后开放性思考作业及相关的拓展性实践活动，让学生不仅学习海洋药物研发过程中所涉及的专业知识和技能，同时深刻体会知识中所蕴含的精神价值和情怀。特别通过介绍海洋药物的发展历史、科学家的事迹、我国在海洋药物研发方面所取得的成就等极大地增强学生的民族自豪感、文化自信、历史使命感、时代紧迫感及社会担当。

此种教学理念与方法得到了学生的一致好评（图4-7），也可推广至其他课程的建设过程中，具有一定的借鉴价值。

听课情况信息表：

课程名称	海洋药物化学
任课老师	李静
调查问卷	教师：5
意见与建议	1. 课件设计合理，结合最新发展的参考文献讲授知识要点，反映学科发展动态，教师语速适中，教学过程中与学生有互动。建议：适当安排自学内容，通过阅读文献、课后作业等方式进一步增强学生的自主学习能力。 2. 条理清晰，讲解细致，可适当增加课堂互动。 3. 教师语速适中，表达清晰，PPT制作简明，图文并茂，在课堂留有时间给学生进行交流，较好地把握学生的学习情况。 4. 可考虑进一步精简课件，除此之外，教学效果极佳。 5. 讲授PPT逻辑布局合理，语速适中，与同学的互动良好，PPT字体可以适当放大一点，课件讲授中使用的技术与示例可以采用更近期的例子与发现。 6. 未发现有消极负面言论及不良意识形态传播。

图4-7 "海洋药物化学"评教节选

六、课程思政教学反思

（1）课程思政的关键在于教师。因此，教师的德育意识和能力的提升尤为重要。提升教师对课程思政的认知，加强育人意识，可开展相关培训，明确思想政治教育与专业课之间的关系。教师需主动提高思想政治与道德素养，准确理解社会主义核心价值观的内涵，在教学过程中做到教书与育人统一。

（2）鼓励教师针对教学中遇到的不足进行反思。尝试融入思政元素，综合专业知识重构课程内容，结合课程本身的特点，尝试采用马克思主义哲学原理对课程内容分析以挖掘思政元素，围绕课程思政元素修订教学内容，不断完善，形成有效的课堂案例，引领学生提高职业素养，完善学科知识，形成正确价值判断能力。

（3）在教学方法上注重创新，采用多元化教学，提高课程的吸引力和价值引领性。课堂教授可包括教师主讲、课堂互动、小组讨论、汇报、反馈等多种方式，激发学生兴趣、学习动力，引导学生思考。例如，每次课后针对课堂讲授内容设计开放性思考题，引导学生查阅文献、拓展知识面。设计相关主题让学生进行汇报，将社会主义核心价值观通过学生讲解展现在课堂教学中。课堂汇报更多与海洋药物有关的人文、历史故事，实现课程的育人目标，保证课程思政的教学效果。

另外，也可以通过启发式、体验式教学将教学活动延续到第二课堂，以课堂内容相关问题为导向，以学生为中心，自主探究，通过文献查阅、实地调研等方式培养学生的综合能力，培养学生的社会责任、科学精神、专业素养，以该途径作为实施课堂课程思政的有效补充。

案例五 "海洋遥感与地理信息系统"课程思政教学实践

课程名称：海洋遥感与地理信息系统
主讲教师：艾彬（副教授）
课程性质：专业选修课
授课对象：海洋科学专业三年级本科生
授课章节：海洋数据空间分析（海洋数据空间分析概述）

一、课程思政教学理念与目标

1. 课程思政教学理念

(1) 以海洋强国战略需求如海岸带蓝碳如何增汇为导向,采用提问(什么是海岸带蓝碳)、假设(如果要实现海岸带蓝碳增汇,有哪些基本途径)、寻求问题实质(进行生态修复与保护、科学规划与布局等)的思路,引导学生善于从战略需求中发现问题,理论联系实际,善于运用专业知识剖析现实问题,并能结合专业技术为国家战略需求提供服务(具体包括利用遥感技术手段实现红树林空间分布与群落结构组成提取,通过空间分析方法监测其变化过程及对其碳储量能力进行评估,生态修复过程中是否实现了蓝碳增汇)。

(2) 在技术原理方面,坚持用历史唯物主义的分析方法理解技术发展历程,融合以"科技创新""求真务实""批判思维"为目标的价值观传递过程。具体体现在:课程开始时,以郑州暴雨事件为例,请学生思考:暴雨事件的发生与海气相互作用是否有联系?能否运用空间分析方法来进行回答?如果是,如何来佐证?如何运用空间分析方法来提供证据资料?

(3) 授课过程中引导学生联系实际并进行科学推理、养成求真务实的态度,寓教于研、教研相长;体会国家的人文关怀、社会责任以及大国风范,树立职业使命感和社会责任感。具体体现在:以目前承担的科研项目、学生参与的大创项目为例,引导学生讨论如何解决项目中的关键科学问题,如红树林蓝碳系统增汇,人类活动扰动是如何影响了红树林蓝碳系统的生存环境,对蓝碳储量有何影响?举例说明运用空间分析方法应用的具体思路与过程。

2. 课程思政教学目标

在课堂教学中,立足中国国情,课程导入以新冠肺炎、公共健康、河南暴雨事件,阐述什么是空间分析问题,引导同学们思考空间分析在应急救援、环境灾害、公共安全等方面能解决的问题,以历史唯物主义的观点观察相关科技的发展历程,并由此激发学生强烈的爱国主义精神和坚定的道路自信,学会理论联系实际并进行科学推理、养成求真务实的态度,体会国家的人文关怀、社会责任及大国风范;以"海洋强国战略、生态文明建设"为课程价值引领,讲解空间分析在海洋领域的应用场景时,结合"碳中和"战略目标,重点以红树林蓝碳系统为对象展开空间分析的决策支撑,培养学生熟知国家战略、民族复兴的重任,激发学习热情、形成辩证看待问题的视角,达到知行合一、学以致用、鼓舞学生积极投身于专业学习,树立为国家发展、海洋发展、社会幸福勇于奉献的青年担当价值取向;着力培养富有家国情怀、民族担当的新时代海洋地理信息系统(GIS)领军人才。

二、课程思政教学思路与方法

1. 课程思政教学思路

以空间分析理论为基础,围绕"什么是空间分析—海洋数据为什么需要空间分析—海洋数据空间分析模式—空间分析在海洋学中的典型应用"展开相关教学内容,重点以海岸带红树林蓝碳为应用案例,与空间分析能解决的问题有机融合,强调课程内容的整体性、综合性与连贯性特点。

2. 课程思政教学方法

(1) 教学案例1:"热点事件"问题导入,初步认知基础理论知识。

围绕课程目标,采用情境式教学、启发式教学等方法,重点在情境式教学中引入思政元素。课程导入以新冠肺炎、公共健康、河南暴雨事件,做一个简短的调查,如何看待这些事件与空间位置的关联。根据同学们的发言,总结阐述什么是空间分析问题(图5-1)。引导同学们思考空间分析在应急救援、环境灾害、公共安全等方面能解决的问题,学会理论联系实际并进行科学推理、养成求真务实的态度,体会国家的人文关怀、社会责任以及大国风范。

情境式教学:为配合课程思政教学要求与情感领域教学目标,以郑州暴雨事件为切入点,分析引发暴雨事件的原因,引出水汽传输、海陆作用、海气作用与空间之间的关联性分析问题,引导学生理论联系实际并进行科学推理、养成求真务实的态度。学生简短讨论并回答问题后,引申出空间分析的概念,并给出海洋数据空间分析的基本模式,进一步引申出空间分析的主要方法。

启发式教学:针对海洋数据空间分析方法,通过分级图表的方式呈现,便于学生快速熟悉、总结和回归。

图5-1 "海洋遥感与地理信息系统"授课PPT:"热点事件"问题导入

（2）教学案例2："国家战略"应用输出，进一步理解原理引申的内涵。

结合海洋强国战略，引申海洋空间分析能解决哪些海洋学问题。

采用多媒体教学、启发式教学与案例教学的方法，引导学生理解海洋数据空间分析的内涵，及其在海洋强国战略中扮演的重要角色。重点在案例教学的过程中融入思政元素，切实将理论知识与战略需求紧密结合，引导学生"学以致用、知行合一"，激发学习专业知识的热情。

讲解空间分析在海洋领域的应用场景时，结合"碳中和"战略目标，从我国的国情出发，重点以红树林蓝碳系统为对象展开空间分析的决策支撑（图5-2），培养学生熟知国家战略、民族复兴的重任，激发学习热情、形成辩证看待问题的视角，达到知行合一、学以致用的引导目的。

图5-2 "海洋遥感与地理信息系统"授课PPT：海岸带蓝碳增汇

启发式教学：针对海洋数据空间分析应用，通过具体的热点问题，引导学生如何进行空间分析，能够从空间分析中挖掘的信息是什么，对于海洋强国战略，空间分析是否能够支撑战略需求决策，理论知识是否可以落地等；进一步从问题中引申思考，该章节内容与整个课程之间的关联是什么？类似问题又该如何推广应用（图5-3）。

图5-3 "海洋遥感与地理信息系统"授课PPT：海洋数据空间分析应用

多媒体教学：利用动画、网络资源等，引导学生收集文献资料，业务行业应用现状及前景等，进一步理解空间分析的作用。

案例教学：通过红树林蓝碳系统增汇应用案例，进行问题分解、问题剖析，锻炼学生系统性思维，树立科学发展观，并培养基本的科学素养。

3. 教学环节的设计、教学组织和实施

（1）教学过程。具体教学过程见表5-1。

表5-1 "海洋遥感与地理信息系统"课程思政教学过程设计

序号	具体教学内容	教学要点及教学方法	时间/min
1	问题导入：从新冠疫情、公共健康、2021.7.20郑州暴雨事件导入教学，引出什么是空间分析的思考。	教学要点：指出暴雨事件与海洋之间的关联性，指出本节课的核心内容空间分析的原理与方法。 思政元素：从课程思政角度提出问题，分析该事件中可以运用的专业知识和技术，激发学生学习热情，知行合一、学以致用。 教学方法：讲授、互动提问、讨论。 学生行为：参与回答问题，提出对事件的思考与看法，发表暴雨事件是否与海洋相关的观点，并就该事件的机理进行初步分析	1.5
2	章节内容介绍：课程目标	本节课教学重点和目标。 教学方法：讲授	0.5
3	知识回顾：海洋数据是空间分析的基础，海洋数据的基本特点，与本节课密切相关内容	教学要点：进行空间分析的必要性，从海洋数据中提取与空间相关联的信息。 教学方法：讲授，动画、互动提问。 学生行为：参与回答问题，可能的回答如海洋数据来源的多样化、海洋数据结构的复杂性、体现动态过程等	1
4	空间分析的基本概念	教学要点：理解空间分析的定义，包含的内容。 教学方法：讲授、案例教学、板书	2
5	海洋数据空间分析的理解和基本模式	教学要点：理解什么是海洋数据空间分析，包含的内容，指出空间分析的内涵。 教学方法：讲授、案例教学、动画、互动提问。 学生行为：注意力集中，跟随激光笔关注授课内容；回答问题，案例中观察到的现象；可能的回答是举例说明空间分析的概念，个人对空间分析的理解和认知	3.5
6	空间分析的主要方法	教学要点：理解空间分析的方法，可以概括的类型，不同类别之间的联系。 教学方法：讲授、列表式教学、案例教学、板书	2.5

续表

序号	具体教学内容	教学要点及教学方法	时间/min
7	空间分析作用及可应用的场景问题	教学要点：理解空间分析能够解决的问题。 教学方法：讲授、举例引证	2
8	空间分析在学科领域典型的应用问题	教学要点：理解空间分析的应用现状。 思政元素：理论联系实际，融入海洋强国战略的现实需求，海洋资源开发与管理等问题的决策支撑，激发学生专业学习的热情。 教学方法：讲授、举例引证、互动提问。 学生行为：回答问题，可能的回答主要是对海洋学领域应用的了解	1
9	空间分析的典型案例应用	教学要点：空间分析在具体问题中的支撑。 思政元素，紧密结合国家"碳达峰""碳中和"战略，引导学生理论联系实际，如何将科学理论落地支撑决策。 教学方法：讲授、案例教学、互动提问。 学生行为：回答问题，可能的回答是对海岸带蓝碳的认知	1.5
10	空间分析应用案例解析	教学要点：针对具体问题，对空间分析过程具体剖析。 教学方法：讲授、案例教学、动画。 学生行为：这一部分为难点内容，需要学生去思考、引申，形成发散性思维，在讲解的过程中逐步推进，结合激光笔进行过程推导。 思政元素：这一过程隐晦的融入思政元素，引导学生源事析理，勇于探索，达到"润物细无声"的效果	3.5
11	提出课后思考	教学要点：课后思考问题，拓展学生看问题深度和广度；课程衔接，达到承上启下的目的。 教学方法：启发式教学，讲授等	1
12	空间分析的基本步骤	教学要点：通过上述具体案例，启发学生思考，开展海洋数据空间分析的具体过程，从而总结空间分析的基本步骤。 教学方法：图解法、启发式、动画、板书	1
13	空间分析的基本算法与理论	教学要点：各算法的理论依据，以及与实际问题之间的联系。 教学方法：讲授、列表式、动画、多媒体	5
14	空间分析的分类与主要内容	教学要点：根据空间分析的特点，从不同角度认识海洋数据空间分析。 教学方法：列表式、案例教学、互动提问	2

续表

序号	具体教学内容	教学要点及教学方法	时间/min
15	空间分析的发展阶段	教学要点：不同发展阶段空间分析的特点与局限性；不同阶段空间分析对数据的依赖。 教学方法：讲授、动画、案例教学	6
16	空间分析软件模块初步认知	教学要点：简单数据的空间分析演示。 教学方法：讲授、操作演示、提问。 学生行为：参与软件操作、数据分析，回答有关数据分析后可能得到的结果等相关问题	10
17	本节知识总结	教学要点：课程预习内容布置；互动平台发布作业。 教学方法：图解、讲授、互动提问、板书	1

（2）思维导图。

整体的课程思政思维导图如图 5-4 所示。

图 5-4 "海洋遥感与地理信息系统"课程思政思维导图

三、课程思政教学评价与考核

克服以往偏重于理论知识的考试,建立多维度评价指标体系,采用定性、定量相结合的方法,从价值引领、思维导向、家国情怀、民族自信、职业发展等多方面考查学生的获得感,对学生在课程学习过程中实实在在获得的内容进行评价与考察。

(1)知识层面。通过课程阶段性学习展示汇报、结合资料的掌握程度进行评价,内容涵盖"思政"与"课程"的内容,而非以往单纯考查课程内容。

(2)价值观引领。可以通过问卷调查的方式,调查问卷中考察思政元素的育人效果,根据学生填写返回的调查问卷,了解学生的职业发展需求、第一课堂与第二课程的链接程度、专业价值观,分析课程思政教学过程中的不足,完善思政融入方法(图5-5)。

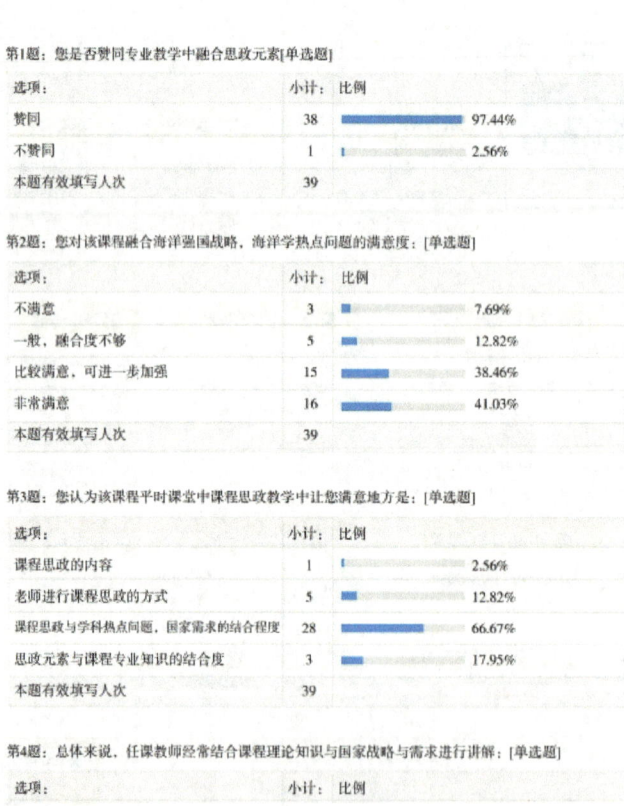

图5-5 "海洋遥感与地理信息系统"课后学生反馈节选

（3）理论与实践相结合层面。要求学生们查阅文献资料，完成"空间分析方法如何更好地服务于海洋强国战略"的报告。根据学生报告内容对理论联系实际、学以致用、知行合一、科学求真等思政元素的教学效果进行定量评价（图5-6）。

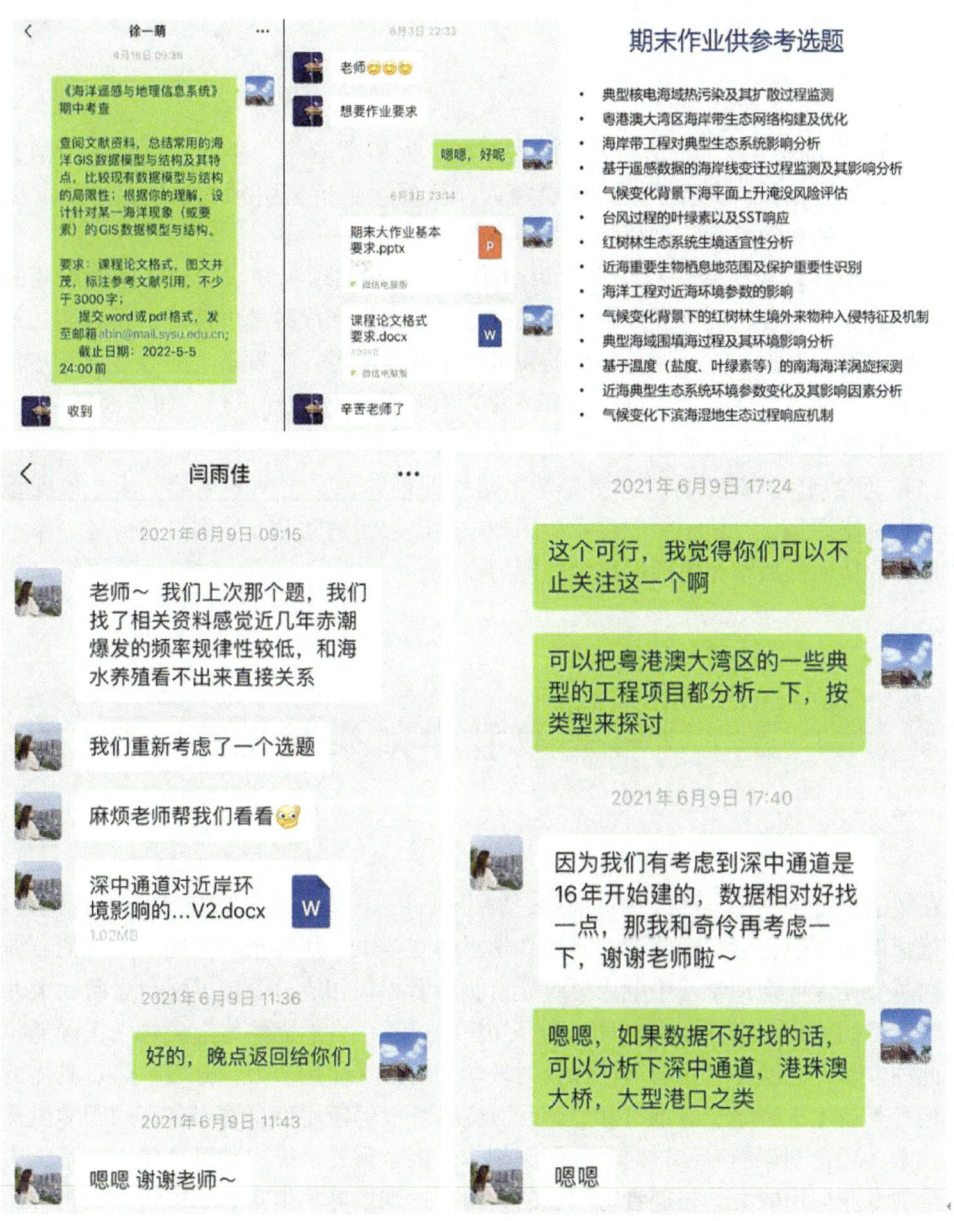

图5-6 "海洋遥感与地理信息系统"课后思考题及学生交流

（4）教师根据课程知识思政元素的覆盖面、思政元素的融入方式以及达成度进行总结与完善，开展自评，查漏补缺，提高思政育人质量、加强思政元素与专业理论知识的融合程度。

四、课程思政教学特色与创新

（1）以"知识传授、价值引领、能力培养、人格塑造"为主线，紧紧围绕国家和社会发展，教研相长，寓教于研，层层深入，从而达到价值引领的目的，达到学以致用、知行合一的教学目标，避免学与用的脱节。

（2）以学生切身感受的社会现象为引子，引入基础理论知识，通过简单可测的技术分析，引导学生在正确掌握基本原理与理论的基础上形成科学价值观，真真切切地引发学生的共鸣和思索，充分调动学生的积极性来开展学习，激发学生的专业学习热情和理论自信；因而可以促进学生进一步深入学习和理解课程的知识点。两方面结合起来，使得课程能够做到既有专业深度又能促进立德树人。

（3）通过启发式教学方式，引导学生建立课程知识点之间的衔接，建立该课程与学科专业先修课程、其他相关课程及应用知识输出之间的联系，达到触类旁通、举一反三的目的，从而提高学生发散性思维的能力。

五、课程思政教学效果与推广

在教学过程中，一方面以热点问题、突发事件、国家战略、国家需求为时代背景，以理论知识为主线，紧紧围绕课程知识教学目的与要求，从背景中挖掘出隐含的专业知识，同时又在专业知识学习中融入思政元素，两者相辅相成，避免了强行思政、突兀介入思政元素的不足；引导学生在学习专业知识的过程中自然而然地形成树立正确的价值观，此种教学理念同样适用与其他课程的教学，可借鉴使用。另一方面，通过具体的案例，把专业技术进行分步骤剖析和分解，对应各环节的应用信息输出，有助于学生提高专业技术、理论知识的自信，同时更能深刻体会国家重要举措的动机，在不知不觉中提升学生的专业应用能力，拓展看待问题的视角，达到培养学生富有家国情怀的精神品质的思政育人目标，这种启发式教学理念同样适用于原理、方法性课程的教学模式。

案例五 "海洋遥感与地理信息系统"课程思政教学实践 53

六、课程思政教学反思

该课程面向海洋科学专业学生开设，根据调查，在实际授课过程中学生在对于热点问题、国家战略"海洋强国""碳中和"等问题上有很强烈的共鸣（图5-7）。绝大多数学生都认为尽管本课程属于理学课程，专业应用难度较大，但课程也极大地拓展了他们的眼界、锻炼了思维、培育了品格，成为大学学习中为数不多的对他们影响深刻的课程之一。由于学生基础理论知识薄弱，系统性思维相对缺乏，具体案例应用理解还不够深入，技术支撑国家战略服务的重要性意识不够，一方面需要进一步引导学生理解空间分析的原理、具体方法的应用、数据分析结果的解释等。另一方面学生的理解能力与基础知识的差异可能导致对本课程教学重难点的理解速度和深度差异，需要在教学过程中通过提问和讨论来观察学生的理解情况，适时考虑增加难点知识和重点知识的讲授时长。

图5-7 "海洋遥感与地理信息系统"学生评教节选

因此，在今后的教学过程中，完善思政教育理念，通过更多教学方式、教学方法以及实际应用案例的引入，深入结合我国海洋面临的主要问题、国家发展战略需求，通过应用课程理论知识与技术方法，挖掘课程真正服务于海洋强国战略的实际应用效果与潜力，发挥学生的主观能动性，领悟课程学习的实质，从深层次激发学生专业学习、课程学习的兴趣，真正实现传道授业解惑、价值引领、立德树人。

案例六 "海洋微生物学实验"课程思政教学实践

课程名称：海洋微生物学实验
主讲教师：贾坤同（教授）
课程性质：专业必修课
授课对象：海洋科学专业三年级本科生
授课章节：海水鱼类病毒性病原体的分离及鉴定

一、课程思政教学理念与目标

1. 课程思政教学理念

课程思政教学是将专业知识与思想政治元素有机融合的过程，坚持以立德树人为根本任务，将思政教育"润物细无声"地渗透到专业课程教育全过程中，最终达到传授知识的同时实现价值引领。本案例充分挖掘提炼蕴含在"海洋微生物学实验"课程知识点中的思政元素，着重将辩证思维、环境保护、民族自信、科研诚信、科学精神、奉献精神等融入教学过程中。这些思政元素在课程的章节中反复出现，全面提升学生的政治素质、道德修养、创新精神和社会责任感，最终成为一名对社会和国家有用的高素质人才，从而体现思政教育的价值和意义。

2. 课程思政教学目标

该课程的主要目标是使学生掌握海洋微生物学实验的基本方法和技能，加强对基础理论的理解，培养学生动手操作能力，提高学生科学研究和解决实际问题的能力。同时，在教学过程中，通过具体知识点的讲解和实验操作，在专业教育中融入人生观、世界观和价值观教育，实现专业知识传授和品德教育有机统一，帮助学生树立辩证唯物主义思维、社会主义核心价值观以及环保理念等，培养学生严谨的治学态度、团结合作和开拓创新的精神。

二、课程思政教学思路与方法

1. 课程思政教学思路

针对海洋微生物学实验的教学内容和教学特点，设置家国情怀教育、安全教育、伦理教育、学术诚信教育等方面的思政教育目标。本课程思政案例，围绕具体知识点展开，通过案例教学和"问题导向"教学等多种教学方式和手段进行教学改革，并落实在具体教学章节中（表6-1）。在实验教学过程中，紧紧围绕"立德树人根本任务"，将知识点与思政元素自然融合，培养学生正确的人生观、世界观、价值观和家国情怀，培养学生实事求是、团结合作、勇于创新的精神。切实做到把思想政治工作贯穿教育教学全过程，实现全程育人、全方位育人。

表6-1 "海洋微生物学实验"教学章节与思政元素融合

教学章节	课程思政点及融入方式
海洋微生物培养基制备、灭菌及消毒技术	该实验内容涉及高压蒸汽灭菌锅的使用,该仪器常用于实验器皿、试剂、培养基等材料的灭菌和带菌实验废弃物的无害化处理。学生对灭菌锅操作技能掌握程度参差不齐,存在潜在安全隐患。课程结合高校实验室发生的安全事故案例展开教学,使学生深刻理解实验室安全的重要性,牢固树立安全理念,弘扬生命至上、安全第一的思想
细菌的简单染色和革兰氏染色	在讲解影响革兰氏染色结果的因素时,强调染色和脱色时间的长短不同可能导致实验结果截然不同,由此引入辩证法的对立统一规律,矛盾着的各个方面既对立,又统一,并在一定条件下相互转化,培养同学的辩证思维。同时,染色过程中任何一个细小的失误,都可能导致实验结果的失败。培养学生大处着眼、小处着手的科研思维。让学生明白细节决定成败的道理
金黄色葡萄球菌的海洋拮抗细菌的分离及筛选	让学生了解抗生素滥用问题对环境的危害,引导学生树立正确、积极的用药理念和环境保护意识,增强学生职业道德及社会责任感。同时让学生意识到对于有害细菌的防控除了使用抗生素外,还可以通过生物途径进行,培养学生的辩证思维
海水鱼肠道微生物的分离、培养及鉴定	理科教育主要注重专业知识的传授,而往往会忽略人文关怀的理念。因此,在实验过程中努力让动物实验过程更具人性化,例如,在抓取实验动物过程中,我们提醒学生应思考如何让动物减轻疼痛、痛苦和恐惧的感觉。在实验过程中,需要对海水鱼进行处死,我们教育学生严禁残忍的处死方法,提倡采用麻醉剂量过多致死的方法让实验动物"安乐"死去。上述做法让学生更自觉、更自然地尊重、善待实验动物,关注实验动物福利。同时结合"世界实验动物日",使学生树立科学研究与人、自然和谐发展的理念
海水鱼类病毒性病原体的分离及鉴定	以近年来病毒性疾病的流行为切入点,引导学生有自我防范意识和健康的人生观。同时,运用自己所学知识理解病毒的传播具有物种特异性,鱼类病毒不会传播给哺乳动物,更不会传播到人,培养学生的科学思维,体会"实践是检验真理的唯一标准"这一实践论。同时介绍我国科研工作者在海水鱼类病毒性病原体研究领域的重要贡献及其在国际的领先地位,培养学生的民族自豪感和爱国主义情怀
海水鱼类细菌病原体的分离及鉴定	实验室生物安全关乎师生健康,但往往不能引起足够重视。一些海洋细菌,如海洋创伤弧菌等,可以引发人鱼共患的疾病,甚至导致人死亡。因此,在本章节中特别要求学生注意安全,按照规定步骤操作。同时在教学中应用2019年布鲁氏菌病感染事件,告诫学生无论是在课堂学习过程中还是在今后的工作中,必须严格遵守各项安全管理规定,严谨操作,防范生物安全事故的发生

续表

教学章节	课程思政点及融入方式
海洋放线菌的分离、培养及鉴定	海洋放线菌未来将是抗生素的主要生产菌。但是从海洋放线菌中分离出可商品化的抗生素将是一个漫长的过程。鼓励学生为了取得科学领域的突破，必须要有坚持不懈和持之以恒的信心和决心，才能克服在今后学习和工作中遇到的各种困难
超滤法浓缩海洋噬菌体	鼓励学生对超滤法进行优化改进，告知学生大胆创新，实验允许失败，引导学生分析失败原因，树立正确挫折观
海洋噬菌体的分离鉴定	该实验内容涉及细菌培养和噬菌体的分离，仅仅靠一个人在课堂时间内难以完成，它需要团队合作。因此，鼓励学生们通过组建实验小组，分工协作，在此过程中培养了他们的大局意识、团队合作精神，为今后工作中的团队合作奠定了良好的基础
海洋微生物计数	在该实验过程中，常出现同学之间对微生物计数的结果差别较大的情况，有的同学担心自己的结果不准确，就更改自己的实验结果。这种违背学术诚信的现象时有发生。在教学过程中，结合科学研究领域的学术腐败、学术造假等学术不端问题，联系学术道德和学风建设，用马克思主义实事求是的观点，教育学生必须尊重数据的真实性，不得捏造、篡改数据，伪造虚假的观察结果。培养学生诚信守法的观念，锻炼认真、负责的工作作风，实事求是的科学态度

2. 课程思政教学方法

（1）结合实验课程特点，开展课前、课中、课后全覆盖思政教学。传统教学模式中实验课程的前期准备工作通常都由老师完成，学生参与度不高。本课程在实验样本的准备过程中鼓励学生自主取样，参与到课程的准备工作中，不仅仅增加了学生实际动手操作的机会，也提高了学生的学习兴趣。除了课堂教学外，我们还注重课堂后的延伸教学。鼓励学生利用课堂所学的知识和技能参与海洋微生物学相关的科研训练项目，培养学生的科研素养，解决问题的能力，以教学促科研。同时，学生也可以将开展科研项目取得的成果在课堂上展示和验证，这样既调动了学生学习的积极性，又增加了教学的广度和深度。通过上述方法，有效拓展了课程思政建设的方法和途径。

（2）探索课程思政"链条式"教学模式。海洋微生物学实验课程各章节之间往往存在较强的逻辑联系，如海洋微生物分离培养和鉴定内容包含了三个关联性比较紧密的链条式实验：海洋细菌的分离培养、侵染海洋细菌的噬菌体的分离鉴定、超滤法浓缩海洋噬菌体，后一个实验内容都需要在前一实验成功实施的基础上进行，任何一个环节出现异常都可能导致实验的失败。在实验过程中，开展链条式思政教学，首先，链条式实验要求学生大处着眼，小处着手，稳扎稳打，关注每一个实验细节，培养严谨的治学态度。其次，如果实验环节出现问题，可在此过程中引导学生找出出现问题的原因，从提高学习及分析问题能力入手，学会抓住主要矛盾，透过问题的现象挖掘本质根源。最后，对学生从实验安全、学术诚信，正确的人生观、辩证的哲学思维等方面给予引导，使学生在潜移默化中对其人生观、价值观以及做事的态度和分析问题能力诸多方面进行提升，从而提高学生的综合素质。

（3）采用"翻转课堂"的教学模式，充分挖掘学生在课程思政建设中的主体作用。在综合实验部分，鼓励学生自由组成小组，自主设计实验内容。在实验内容设计上老师引导、协助学生自觉融入思政元素，锻炼学生的科研创新能力。

3. 教学环节的设计、教学组织和实施

以"海水鱼类病毒性病原体的分离及鉴定"为例，展示教学环节的设计。

在课程导入环节，以当前新冠病毒流行为切入点，针对病毒流行早期"鱼类感染新冠病毒"的谣言，教育学生们不信谣、不传谣，并引导大家利用所学的科学知识有效识别谬误，提高批判性思维能力和思想政治素养。在此基础上引出问题"新冠病毒不感染鱼类，那么鱼类病毒可以感染人吗？"，鼓励同学们展开讨论，引出"实践是检验真理的唯一标准"这一实践论，正式开始本次实验课程。

在实验教学阶段融入实验动物伦理学教育，提高学生关爱实验动物、尊重生命的意识，使学生从思想上牢固树立遵守实验动物伦理的理念，切实将精神文明思想植入到学生心中。

在实验总结环节，结合我国是世界水产养殖第一大国，介绍我国科研工作者在海水鱼类病毒性病原体研究领域的重要贡献及其在国际的领先地位，教育学生将论文写在祖国的大地上，培养学生的民族自豪感和爱国主义情怀。同时结合鱼类病毒病防控方法，注重绿色防控，减少有害化学药物的使用和对环境的污染，树立"绿水青山就是金山银山"的理念。

三、课程思政教学评价与考核

开展教学评价和考核的最终目的是促进教学效果提升和学生成长。对于老师的评价和考核采用授课竞赛、督导评教、学生问卷调查多种手段相结合的方式开展。结合实验课的特点，学生考核环节包括实验报告、实验操作、考勤情况、期末考试成绩等。因此，学生评价更加多元化，更加强调对课程学习过程的评价，减少期末考试成绩所占的比例。课程成绩＝实验报告×40% + 实验操作×30% + 考勤情况×10% + 期末考试成绩×20%。将思政元素"润物细无声"融入到各个考核环节指标中。

考勤和课堂纪律的考核环节：将学生的课堂出勤和课堂纪律作为考核指标之一，以加强学生在学习态度、责任心方面的素质提升。

实验报告环节：将实验报告是否存在抄袭、更改、编造实验数据作为考核指标，考核学生科研诚信素养。

实验操作环节：考核学生团结协作精神、安全意识、环保意识。

期末考试环节：在考题中融入思政元素，考核学生对思政元素的提炼总结能力。

四、课程思政教学特色与创新

（1）创新教学方法，实行开放式教学。鼓励学生结合基础海洋微生物学知识、当前社会热点或最新实验方法，通过分组讨论、查阅文献、咨询老师等环节，自主拟定实验内容，设计实验方案并实际操作验证。不同实验内容和结果展示避免了最终实验报告雷同和部分同学抄袭等情况的出现。让学生在获得知识的同时，实现价值引领。

（2）优化课程评价体系，实行多元性评教。目前，国内涉海院校很少见在海洋微生物学实验教学中融入思政教育的报道，尚缺乏可量化的课程思政教学质量评价体系。本案例分别从教师和学生的角度出发，实行多元化的教学评价体系。教师思政教学能力及效果是教师教学质量考核体系的重要组成部分。对学生而言，在考核指标制定过程中充分考虑思政元素所占的比例。

（3）积极拓展课程思政第二课堂。海洋微生物学实验是一门实验性极强的学科，但是由于课时限制及其他因素造成学生在课堂实际动手操作的时间比较有限，因此，学生需要更多的课余时间去深入学习和反复练习。鼓励学生利用在实验课程所掌握的实验技能和知识积极申报海洋微生物实验内容相关的大学生创新创业训练项目和大学生实验室开放基金项目，在实际科研活动中巩固和检验教学成果。构建"实验课程＋科研训练"有机结合的"课堂＋课后"的立体化教学模式，使得思政教学从课堂走进学生的日常科研训练，实现全程育人。

五、课程思政教学效果与推广

（1）学生在实验耗材和试剂的使用上更节约；学生生物安全意识得到极大提高，实验结束后，学生处理实验菌株更加规范；学生实验动物伦理理念得到加强，对实验动物更加尊重。通过课程思政的实施，学生的操作技能、职业道德和人文素质等各个方面得到了显著提高（图6-1）。

（2）课程成绩优秀率显著上升，学生的科研素养得到极大提高，创新能力得到进一步提升，学生以第一作者身份发表多篇海洋微生物相关的研究论文（图6-2）。学生在"海洋微生物学"方面的科研能力获得国内外知名高校认可，多名学生前往新加坡国立大学、香港大学、清华大学等国内外知名学校求学深造。

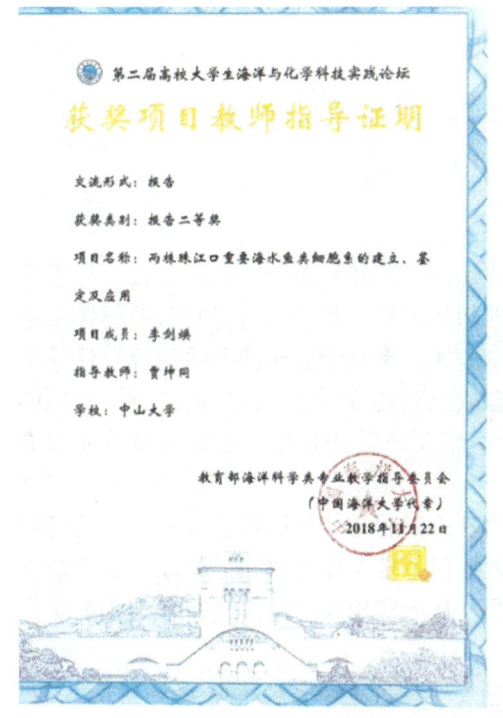

图 6-1　学生参加海洋科学相关全国类竞赛获奖证书

图 6-2　本科生以第一作者身份发表海洋微生物相关 SCI 论文

(3) 学生对海洋的学习兴趣更加浓厚，就业意向及考研意向中海洋微生物领域占比明显上升。

六、课程思政教学反思

目前涉海院校专业课程,特别是实验类专业课的思政建设尚处于起步阶段,把思政元素融入涉海专业实验课程的教学将是一个长期而伟大的工程。如何将实验课程体系中蕴含的思政教育元素与专业教学有机融合,给专业实验课赋予思想性和政治性,让学生在专业学习中提升政治认知、人文道德素养,形成正确的价值观、良好的品德、健康的专业伦理和文化自信,使课程思政教学达到"润物无声"的效果,是每一位专业课老师必须认真思考和探索的问题。

教师是教学工作的主体,提高教师思想政治理论素养是开展课程思政教学的关键前提。在课程思政建设过程中,教师党员要充分发挥模范带头作用,积极将课程思政建设与党建工作结合,破解党建与业务两张皮的难题,从而实现课程思政建设和党支部建设共促共赢局面。

大多数老师,特别是理工科老师,在课程思政建设过程中普遍面临着"无从下手""找不到窍门"等问题。这就需要在学校做好顶层设计的基础上,院系层面要围绕课程思政建设建立教研室,开展重点、难点课题等攻关,同时组织教师参加课程思政的专题培训,为老师搭建课程思政工作交流平台。通过上述举措的开展,课程思政建设将达到事半功倍的效果。

案例七 "卫星海洋学"课程思政教学实践

课程名称：卫星海洋学
主讲教师：刘汾汾（副教授）、赵俊（教授）
课程性质：专业必修课
授课对象：海洋科学专业三年级本科生
授课章节：海洋现象卫星测量

一、课程思政教学理念与目标

1. 课程思政教学理念

"卫星海洋学"是海洋科学专业的核心专业必修课。课程引导学生树立正确的世界观、人生观、价值观,勇敢地肩负起实现中华民族伟大复兴的理想和责任,全面提高学生的思想政治素质。主要涵盖以下四点。

(1) 本课程使学生掌握主要学习方法,并使学生在掌握基本理论知识的基础上,进一步认识到中国在卫星和海洋科学研究中的巨大进步,激励他们学习优秀科学家的爱国情怀和不畏艰难的科学求知精神。

(2) 让学生认识我国航天事业取得的巨大成就,介绍我国卫星遥感技术的发展。

(3) 让学生学习我国著名科研工作者不畏困难的精神,以钱学森等人为例,激励学生向他们学习。以此来培养学生们百折不挠的科研品质,鼓励同学们也要具有这样的科学求知精神和爱国情怀。

(4) 培养学生勇于探索的品质,树立良好的学习精神。使同学们了解海洋学国家发展战略("海洋强国"和"一带一路"建设),为国家战略贡献自己的力量。

2. 课程思政教学目标

本课程旨在让同学们了解海洋学国家发展战略,意识到中国在卫星和海洋科学研究方面取得的巨大进步,并鼓励同学们学习优秀科学家的爱国情怀,同时增强同学们对海洋生态环境的保护意识,感受到环境保护、绿色发展的重要性,从根本上提高全社会的环保意识,加强卫星海洋科学研究服务人类、服务社会的意识等。

二、课程思政教学思路与方法

1. 课程思政教学思路

基于卫星遥感技术来观测海洋是目前海洋学研究的重要手段,针对课程思政教学思路,课程授课方式采用"介绍—深入—激励"模式,结合专业知识、爱国素养、家国情怀三方面设计思政教学环节,具体见表(表7-1)。

表 7-1 《卫星海洋学》课程思政教学思路

课程名称	教学要点介绍与深入	激励
卫星传感器	介绍了我国卫星遥感技术的发展，我国的航天事业离不开一代又一代科学家的奉献，在课程中强调我国著名的科研工作者的不畏困难，百折不挠的科研品质	激励同学们要具有这样的科学求知精神和爱国情怀
合成孔径雷达	介绍了卫星观测到人类活动对海洋生态的影响，以及我国在海洋生态环境改善中做出的卓有成效的举措	激励同学们肩负起海洋生态环境保护的使命，使同学们更加深入地理解习近平总书记提出的"绿水青山就是金山银山"的发展理念
海洋现象卫星测量	介绍了卫星遥感对海洋动力现象和灾害的监测，强调了海洋动力监测对人类海洋活动、海洋探索和研究的重要推动作用	激励同学们用自己的专业知识服务人民，培养他们造福社会的意识

2. 课程思政教学方法

卫星海洋学课程是海洋科学专业的核心课程，担负着思想政治教育的职责和使命，因此，在本课程中，处处都蕴含和渗透着思想政治教育元素。本课程让学生在掌握基本理论知识的基础上，进一步认识到中国在卫星和海洋科学研究中的巨大进步，激励他们学习优秀科学家的爱国情怀和不畏艰难的科学求知精神。

授课的思政教学环节，包括以下三个方面：①强化科研思维意识，通过我国卫星海洋学相关的进步，来促进同学们的科研热情；②针对重点内容，结合案例，如中国卫星遥感的现状及进步、我国航天事业取得重大成就等，促进学生对国家海陆统筹战略的认识；③以我国科学家对于海洋发展的贡献以及我国的海洋发展状况，传递海洋强国战略和海洋科技文化自信的正能量。具体的授课方法如图 7-1 所示。

3. 教学环节的设计、教学组织和实施

"卫星海洋学"本着以学生为中心的理念，课堂教学内容和方式以在线课程为依托，将传统教师教学的方式与当代信息技术融合，在课前、课中、课后都进行引导式教学，并融入思政元素。本课程利用微信群等信息工具，提前发布教学内容，在课前提醒同学们对课程加以了解。在课中教学之后，布置课后思考题，引导学生在课后继续学习。以此促进学生学习卫星海洋学专业知识，树立生态环保的科学理念，引导学生树立人与自然和谐共生的理念，将学生个人成长进步与国家海洋强国战略紧密结合在一起，优化"专业知识"和"思政教育"的双教学大纲，促进双目标的相互融合。具体教学环节设计思路如图 7-2 所示。

中国卫星遥感的现状及进步
——为我国航天事业做出重大贡献的科学家

1956年10月8日，中国第一个火箭导弹研制机构—国防部第五研究院成立，钱学森任院长。

钱学森　中国航天之父　写在香烟上的求救信　**爱国情怀**

图7-1　"卫星海洋学"授课PPT：优秀的中国科学家

图片来自：https://baijiahao.baidu.com/s?id=1595104339326993614&wfr=spider&for=pc

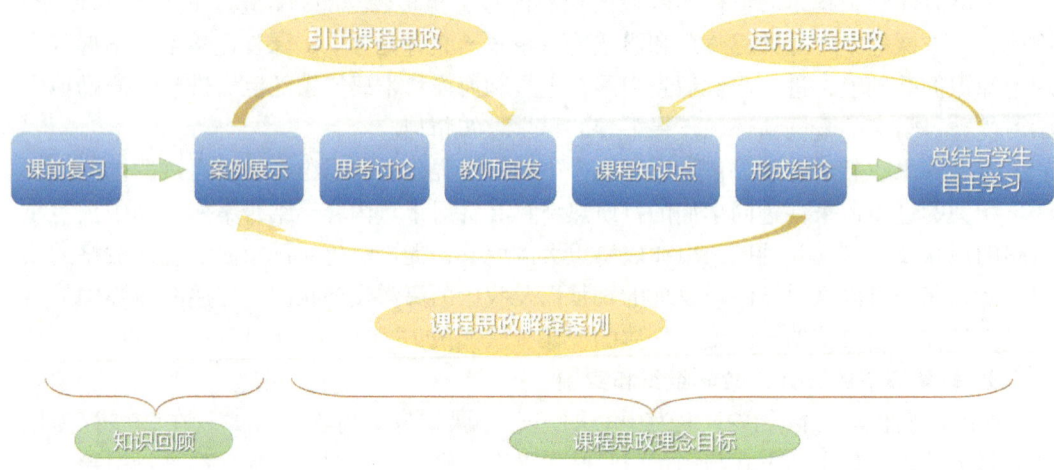

图7-2　"卫星海洋学"教学环节设计思路

（1）课前引导环节（线上）。课前在微信群上发布了预习本章节内容的要求，请学生思考下一节课所要讲述的内容，课后在微信群中发布课上所凝练的教学课件，同时提醒同学们回顾上节课所学习的内容；学生思考完各抒己见之后，追问：如何在实际的海洋观测中运用这些方法，这些数据能带给我们什么？对学生回答扼要总结，侧重于激励。

（2）课堂授课环节（线下）。在课前阐明：本节课的教学目标、教学内容、知识点、重点与难点，并对上一节课教学内容做一个总结。

以幻灯片形式播放一组图片：中国第一颗海洋卫星"海洋一号A"（HY-1）、"海洋一号B"（HY-1B）卫星、我国第一颗海洋动力环境卫星——"海洋二号"（HY-2）卫星、2003年7月1日HY-1A卫星监测的天津大沽锚地赤潮、HY-1A卫星CCD监测到的辽东湾赤潮发生区域。如图7-3所示内容。播放图片时，注意细节，体现本节内容，表现中国卫星遥感的现状，引出对于环境的思考。

中国卫星遥感的现状及进步——我国航天事业取得重大成就

2002年5月15日9时50分，中国第一颗海洋卫星"海洋一号A"（HY-1A）卫星在山西太原基地由长征火箭发射升空

2011年8月16日6时57分，我国第一颗海洋动力环境卫星"海洋二号A"（HY-2）卫星在太原卫星发射中心成功发射长征四号已运载火箭

2007年4月11日上午11时27分15秒，"海洋一号B"（HY-1B）卫星在太原卫星发射中心利用长征二号丙火箭发射升空，经过797秒飞行后，星箭成功分离，卫星进入距地球798千米太阳同步轨道（图片来自：http://www.gov.cn/jrzg/200704/14/content_582385.htm）

图7-3 "卫星海洋学"授课PPT：中国卫星遥感的现状及进步

其中蕴含思政元素：通过中国卫星遥感的现状及进步，引出为我国航天事业做出重大贡献的科学家。中国卫星遥感的现状及进步是几代人呕心沥血、舍去国外优厚待遇、不讲回报、奉献青春年华而取得的成就。那么我们今天的青年人该如何继承与发扬呢？（留给学生自己思考）同时，这些卫星为我国海洋防灾、减灾提供了重要的信息服务，并为海洋环境保护与管理提供了科学依据，可以给同学们展示很多遥感图片，让他们身临其境地感觉到遥感带给我们的作用。同时可以使同学们更加深入地理解习近平总书记提出的"绿水青山就是金山银山"的发展理念。

课程教学过程中，板书力求简洁、清晰，体现主题、突出重点。板书的呈现可以结合前面的教学环节设计思维导图进行设计。同时让同学们边学边思考，变被动接受为主动理解。

4. 课程思政教学案例

（1）教学案例1：卫星传感器。

本课程以卫星传感器为基础，紧紧抓住其中的思想政治元素，以中国海洋系列、风云系列及环境系列卫星传感器及其数据产品为例，围绕中国自主研发的卫星传感器这条主线，以各种中国海洋系列、风云系列及环境系列卫星传感器为实例，将其数据产品进行介绍，与实际应用有机融合，体现课程综合性、应用性特点、蕴含思政元素有：为同学们介绍中国航天事业的伟大进程，同时体现出中国航天事业奠基人的求知精神和家国情怀。

（2）教学案例2：海洋水色遥感。

本课程以海洋水色遥感为基础，紧紧抓住其中的思想政治元素，以二类水体水色遥感反演为例，以海洋水色遥感为切入点，通过介绍海洋水色遥感等相关知识，自然引出学生们对于环境问题的思考，引出海洋生态环境保护的使命。以此将水色遥感与同学们息息相关的生活联系起来，让学生们认识到自己的使命与任务。通过这种教学方式，本节可以提高同学们的环保意识，鼓励同学们肩负起海洋生态环境保护的使命，使同学们更加深入的理解习近平总书记提出的"绿水青山就是金山银山"的发展理念。

（3）教学案例3：合成孔径雷达内波遥感探测。

本课程以合成孔径雷达为主要内容，先通过对于合成孔径雷达的简介，描述合成孔径雷达的基础概念和作用，再介绍合成孔径雷达的原理。之后，对学生进行提问，让同学思考合成孔径雷达在海洋探测中的作用，由此引出学生们对于合成孔径雷达海浪遥感探测和合成孔径雷达内波遥感探测的思考。在同学们各抒己见之后，对于合成孔径雷达内波遥感探测进行详细的描述。

在讲授过程中始终围绕课程目标，隐形融入的课程思政元素有：强调了海洋动力监测对人类海洋活动、人类安全、海洋探索和研究的重要推动作用。与此同时，本节课程让同学们养成用自己的专业知识服务人类，造福社会的意识。

（4）教学案例4：海洋表面高度的卫星测量。

本课程通过介绍海洋表面高度的卫星测量的原理与历史，融入的思想政治元素有：介绍了国内外老一辈科研工作者的科研敏感性和求知精神，鼓励同学们向老一辈科学家学习，在科学研究中要对海洋新现象有科研敏感性，提高自己发现问题、解决问题的能力。

（5）教学案例5：海面风场遥感。

本课程先让同学们用前面所学习的知识来思考，如何用所学到的技术手段进行海面风场遥感。然后引出合成孔径雷达测量海面风速，对于合成孔径雷达在海洋风场遥感的应用进行介绍。在讲授过程始终围绕课程目标，隐形融入课程的思政元素有：介绍了台风对人类安全的影响，提出台风预测精度还存在问题，精确的台风路径、强度等的预测能够保障国家经济财产和人民安全。鼓励对这方面研究有兴趣的同学不畏艰难，努力攻关。

（6）教学案例6：海洋现象卫星测量。

本课程向同学们介绍海冰和冰山的遥感探测，海洋锋面、上升流和中尺度涡的遥感，船舶及其尾迹的遥感探测，海洋污染探测，海洋岛礁探测。在其中融入的思想政治元素有：介绍海冰的卫星遥感监测对行船和海上设施安全的重要意义，溢油卫星遥感监测在海洋生态环境安全、失事船只飞机的追踪中的重要作用，使学生们认识到海洋学专业能够广泛地服务社会、造福人类，激发同学们的学习热情和投身国家海洋事业的激情。

向同学们展示了遥感探测不同时刻海冰漂移的位移，使他们了解海冰对大气风场和潮流的响应机制。这能保障人类航海安全和海上石油平台的安全，对海洋现象和灾害的监测，可以服务社会，让同学们大有可为。

在海洋岛礁探测一节中，通过对于遥感在南海岛屿探测的讲述，自然引出南海涉及中国的核心利益这一问题。南海地处越南金兰湾和菲律宾苏比克湾两大海军基地之间，战略位置极为重要，它是扼西太平洋至印度洋海上交通要冲，是通往非洲和欧洲的咽喉要道。在这一节的讲述中，向同学们详细的展示了南海的重要，因此南海的领土不容别国侵犯。

三、课程思政教学评价与考核

课程思政教学评价与考核，采取专业知识评价与思想育人评价并重的方式，具体为采取考核评价与问卷调查的方式。考核评定的方式，采用综述报告的作业形式，即让学生从以下五个题目中自选题目，在学期末或课程过程中提交一份报告。题目包含：①海洋学国家发展战略（"海洋强国"和"一带一路"建设）；②中国在卫星和海洋科学研究的巨大进步；③学习优秀科学家的爱国情怀和不畏艰难的科学求知精神；④对海洋生态环境的保护意识和自我约束；⑤卫星海洋科学研究如何服务社会。教师根据学生报告内容涉及的思政教学效果进行评价。问卷调查的方式为调查课程思政的育人效果，根据学生填写返回的调查问卷，了解学生对于教学的评价，分析课程思政教学效果，进一步加强今后的教学。

四、课程思政教学特色与创新

（1）将思政育人与专业知识有机结合，专业知识中蕴含思政元素，思政教育中介绍专业知识，采用"隐性思政育人"的教学理念，在点滴之间影响学生，使其在学习过程中不知不觉地实现"思政课程"所学内容。

（2）注重"榜样示范法"教学手段的应用，以案例分析为主，举出诸如钱学森、王礼恒、邓稼先等人的实际案例，在课堂上做到以事感人、以榜样育人，实现思想政治教育的教学目的。

（3）举出大量实例，列出很多相关图片，在教学课件中图文并茂，帮助学生们理解专业知识的同时，更好地进行思政教育。

（4）介绍思政教育相关网站，鼓励学生自主学习，让思政教育打破课堂的限制，不仅在课上进行思政育人，也鼓励同学们在课下自主学习相关知识，让学生在生活的点点滴滴中感受到思政元素。

五、课程思政教学效果与推广

本课程采用思政育人与专业知识结合的教学理念,并让思政教育走出课堂,意在用渗透性的、潜移默化的方式使学生受到教育,并学会自主进行思政教育。此种教育理念,不仅避免了专业课程上思政味过重的问题,而且还在点滴之间影响学生,使其在学习专业课过程中不知不觉地树立正确的人生观、价值观,并且培养他们的自主学习意识。在课堂中,采用大量的具体实例,让学生们意识到我国航天事业取得的巨大成就,意识到我国的航天事业离不开一代又一代科学家的奉献,在课程中提到我国著名的科研工作者不畏困难、百折不挠的科研品德,鼓励同学们也要具有这样的科学求知精神和爱国情怀。如在课程中就以钱学森先生为例,不仅讲授他对中国航天的贡献,同时也介绍了他的爱国热情,包括播放央视"信中国"栏目黄渤朗诵钱学森写在香烟纸盒上求救信片段,让同学们感受到"中国航天之父"的一片赤子之心和家国情怀。此种教学理念与方法可推广至其他课程的建设过程中,具有一定的借鉴价值。

六、课程思政教学反思

卫星海洋学课程是海洋科学专业的核心课程,担负着思想政治教育的职责和使命,因此,在课程中处处都要蕴含和渗透着思想政治教育元素。基于卫星遥感技术来观测海洋是目前海洋学研究的重要手段,课程在介绍卫星技术时,特别介绍了我国卫星遥感技术的发展历程,中国从世界第五个发射卫星的国家,到世界第三个掌握卫星返回技术的国家,再到世界上第三个掌握载人航天技术的国家,让学生们意识到我国航天事业取得的巨大成就。我国的航天事业离不开一代又一代科学家的奉献,在课程中也提到我国著名科研工作者不畏困难、百折不挠的科研品德,鼓励同学们也要具有这样的科学求知精神和爱国情怀。在卫星遥感监测中国近海海洋环境的讲授中,介绍了卫星观测到的人类活动对海洋生态的影响,以及我国在海洋生态环境改善中做出的卓有成效的贡献。提高同学们的环保意识,鼓励同学们肩负起海洋生态环境保护的使命,使同学们更加深入地理解习近平总书记提出的"绿水青山就是金山银山"的发展理念。在海洋动力卫星遥感的讲授中,介绍了卫星遥感对海洋动力现象和灾害的监测,强调了海洋动力监测对人类海洋活动、海洋探索和研究的重要推动作用,鼓励同学们采用自己的专业知识服务人类、造福社会。在本课程中,由于专业课学时有限,在讲授专业知识的同时,融入思政元素,在时间上和深度上有所受限,所以仍然需要加强思政教育对于学生们持久的影响,预防学生们在课程结束之后遗忘课程内容。

案例八 "海洋油气地质学"课程思政教学实践

课程名称：海洋油气地质学
主讲教师：万志峰（教授）
课程性质：专业必修课
授课对象：海洋科学专业三年级本科生
授课章节：序言、海洋油气地质、南海油气勘探

一、课程思政教学理念与目标

1. 课程思政教学理念

"海洋油气地质学"是中山大学海洋科学学院海洋科学专业核心课,使学生认识油气矿藏的形成与分布规律,明确寻找油气的方向,为勘探和开发海洋油气矿藏奠定理论基础。课程教学团队经过近 10 年的教学实践,强思政向海图强,重实践经略海洋。与时俱进,展现最新成果,凸出海洋石油勘探新动态。校企结合,加强实践教学,培养海洋开发应用型人才。接轨国际,展现最新成果,顺应石油工业国际化潮流。教学团队充分结合目前先进的勘探成果,加强海洋深水油气等最新勘探领域的教学工作,逐步完善现有的教学大纲,同时加强国际合作,为培养海洋石油地质勘探领域国际化复合人才奠定了坚实基础。

2. 课程思政教学目标

"海洋油气地质学"教学团队始终坚持"面向学术前沿、面向国家重大战略需求、面向国家和区域经济社会发展",以党建促教学,以科研促教改,以改革促发展,以"坚持立德树人、培养卓越人才"为目标,加强课程思政,勇于教学改革,新编课程教材,构建实践体系,顺应国际潮流,为我校创建一流大学、一流学科添砖加瓦。

二、课程思政教学思路与方法

1. 课程思政教学思路

以党建促教学,加强课程思政建设。"海洋油气地质学"课程负责人万志峰副教授曾担任海洋地质(第二)党支部书记 5 年(2015—2020 年),曾获得中山大学"优秀党务工作者"荣誉称号。海洋地质党支部建在"海洋地质"学科上,该支部先后获得"广东省教育系统基层党支部组织生活创新案例三等奖"、中山大学"先进党支部"等荣誉。党建工作极大地促进了教学工作的开展,为高效推进课程思政建设奠定了坚实的基础。

2. 课程思政教学方法

(1)案例 1:学好石油地质,开发更多油气,保障国家能源安全。

石油和天然气是宝贵的燃料、润滑油料及化工原料,被誉为工业的血液。在世界能源体系中，石油、天然气、煤等化石能源仍占据主体地位，占87%。预计至2035年，全球一次性能源需求总量将达到183亿吨油当量，年均增长2.12%。化石能源（石油、天然气、煤）仍然占主导地位（80%），可再生能源的地位逐步加强（20%）。

中国已经成为全球最大能源消费国，近年能源消费快速增长，最近10年均增长超过8%。结构上以煤为主，石油、天然气为辅，水电、核电、风电为补充；能源使用效率正逐步提高；近90%的能源需求可以自给，石油需要进口；能源资源分布不均，需要长距离运输；可再生能源迅速发展，但面临诸多问题。国际能源组织（IEA）预测至2035年，我国一次能源需求总量将达到43.6亿吨油当量，年均增长2.16%。构成上仍然以煤、石油、天然气为主，水电、核能等可再生能源为补充。

油气资源是国防安全和国家经济发展的物质基础和安全保障。我国是石油消耗大国，油气资源严重短缺与能源安全成为国家面临的主要安全问题之一。海洋是人类赖以生存和发展的重要环境，也是一个巨大的资源宝库，海洋油气资源的开发与利用已成为世界各国普遍关注的问题。我国南海油气资源丰富，素有"第二个波斯湾"之称，加强南海石油与天然气勘探开发，对缓解我国能源短缺、维护国家主权和海洋权益都具有极其重要的战略意义。广东省濒临南海，在开发利用南海油气资源方面具有得天独厚的地理优势，这不仅有利于缓解广东能源需求紧张局势，同时对带动我省石油勘探开发相关行业高速发展具有重大的战略意义。

因此，加强石油地质与勘探相关方向人才培养，引领海洋石油勘探开发行业新潮流，促进海洋石油地质高等教育教学改革迫在眉睫。中大学子理应从国家重大战略需求出发，加强海洋石油勘探开发学习研究，为解决国家和我省所面临的油气资源实际问题做出应有的贡献。

（2）案例2：开发南海资源，保卫海洋权益，为海洋强国战略做贡献。

南海中南部海域是我国海洋油气勘探及研究最薄弱地区。南海中南部海域面积约 205×10^4 km²，争议区面积约 144 km²，占我国传统海疆九段线内面积70%，其中沉积盆地面积达 52×10^4 km²，基本上涵盖了南海中南部所有的油气区。南海中南部沉积盆地根据其构造地质特征及沉积充填特点，可大体上划分为三大盆地群9大盆地（少有专家学者将其划分为11个或14个盆地）。目前其油气勘探开发活动主要集中在万安、曾母、北康、文莱—沙巴、西北巴拉望、礼乐等6个含油气盆地。通过半个多世纪的油气勘探开发活动，迄今南海中南部已完成了大量的钻井及地球物理勘探工作，并开展了深入系统的海洋地质及油气地质综合分析研究，取得了一系列举世瞩目的重大油气勘探成果，先后勘探发现了一批大中型油气田。据不完全统计，迄今为止南海中南部已勘探发现了356个商业性油气田（其中油田41个，气田157个，油气田158个），探明油气地质总储量达127.54亿吨油当量（我国传统疆域内油气储量为76.5亿吨油当量）。其中，石油地质储量为46.54亿吨（我国传统疆域内石油储量为17.85亿吨），天然气地质储量达8.1万亿 m³（我国传统疆域内天然气储量为5.86万亿 m³）。这些油气资源均主要集中分布于文莱－沙巴盆地、曾母盆地及万安盆地之中。这三个富油气盆地油气勘探所获石油地质储量约占南海中南部的94%以上，而勘探获得的天然气储量亦占南海中南部的93%以上。总之，南海中南部油气勘探开发成果及油气地质研究等均充分证实和表明了该区沉积盆地中油气资源非常富集，且主要集中分布在油气地质条件非常优越的少数盆地之中。

尚须强调指出，南海中南部主要盆地油气产量目前已接近 8000 万吨油当量规模，是南海北部油气产量的三倍多，很显然其油气资源比南海北部丰富得多。南海中南部主要盆地油气产量增长过程，主要经历了三个发展阶段，早期以石油产出为主，中期油气产出相当，晚期天然气产出居明显优势。据不完全统计，截至 2016 年，南海中南部已累计产出油气高达 19.4 亿吨油当量，其中石油产量为 9.63 亿吨，天然气产量达 1.22 万亿 m^3。这些油气均主要产自文莱 - 沙巴盆地、曾母盆地及万安盆地和北巴拉望盆地及相关国家和地区。尚须指出的是，南海中南部油气产量增长较快，自 1998 年油气产量达到 4099 万吨油当量以来，2014 年油气产量即达 5000 万吨油当量（相当于中国近海盆地 2010 年的油气产量），2015 年油气产量则达到了 7724.3 万吨油当量，其中，我国传统疆域内油气产量达 4847.4 万吨油当量（其中，石油 1584.5 万吨，天然气 409.49 亿 m^3）。总之，从南海中南部油气储量分布及油气产出特点可以看出，南海中南部主要盆地油气资源丰富，油气资源潜力大，而油气储量及产量均主要集中产自这些富油气盆地，且天然气产出规模（储量及产量）大于石油产出规模（储量及产量），但不同盆地及区域油气资源潜力和油气储量规模及产出特点等均存在较大差异。

由于南海中南部油气资源自 20 世纪 70 年代以来均已被周边国家实际占有，这些国家每年在该区开发生产的石油天然气已大大超过 7000 万吨油当量，远比我国南海北部油气年产量高。而且，限于南海中南部复杂的地缘经济环境及政治纷争，迄今为止我国在该区尚未开展实质性的油气勘探开发活动，故所获该区油气勘探开发成果及油气地质资料甚少。随着我国综合国力不断增强，我们一定能早日参与到南海资源开发之中，保卫海洋权益，为海洋强国战略做贡献。

(3) 案例 3：突破卡脖子技术，推动深水油气勘探开发。

石油地质学是研究地壳中油气成因、油气成藏的基本原理和油气分布规律的一门学科，是矿床学的一个分支。它的主要任务是阐述石油和天然气在地壳中的形成过程、产出状态和分布规律，以及油气勘探方法和程序。石油地质学学习目标是成为勘探家，勘探家的任务是寻找和查明油气藏。油气深埋地下，又是流体，控制它们分布的因素复杂。到何处去寻？理论基础是石油地质学。对地质家来说，油气勘探既是科学探索，又是艺术实践，还要有商业头脑。

石油勘探开发是一项高投入、高产出、高风险行业，理论技术支撑尤为重要。在五六十年代出版了一批经典的石油地质学专著，其中尤以莱复生（Levorsen）的《石油地质学》(1954) 最为重要，成为当代石油地质学的经典论著，为培养大批油气地质勘探人才发挥了重要作用。20 世纪 60 年代开始发展的源控论，使油气勘探进入一个新阶段，而七八十年代以有机地球化学方法建立的油气成因理论对现代油气勘探起了重要指导作用。经典的著作包括 Tissot 和 Welte (1978，1982) 的《石油形成与分布》，Hunt (1979) 的《石油地球化学和石油地质学》，Chapman (1982) 的《石油地质学》，Hobson (1981) 的《石油地质学导论》等。

中华人民共和国成立之前，我国在石油勘探和开发方面基础极其薄弱。到 1949 年，除中国台湾外，全国只有玉门老君庙、陕北延长和新疆独山子 3 个小油田，以及四川自流井、圣灯山、石油沟 3 个小气田。20 世纪 40 年代，中国地质学家李四光、谢家荣、翁文灏、翁文波、潘钟祥、黄汲清等通过亲身的地质考察和勘探实践，指出中国石油勘探充满希望。在一系列勘探实践的基础上，中国的石油地质理论开始萌芽。如 1941 年潘钟祥在美国石油地质协会会志（AAPG）发表《论中国陕北和四川白垩系陆相生油》的论文；1947 年黄汲清、翁文波等提出"陆相生油，多期、多层含油的理论"；1948 年翁文波撰写了《从定碳比看中国石油远景》。这些杰出的地质学家开创了中国和世界陆相生油理论，为我国陆相盆地油气田勘探提供了坚实的理论基础。石油地质理论的重大进展，形成了具有中国特色的陆相盆地石油地质理论：陆相生油论、源控论、复式油气聚集理论、未熟—低熟油与煤成油理论、天然气地质学。

随着海洋地球物理勘探和海上钻井技术装置的发展，人类向海洋进军的步伐加快，海洋石油勘探不仅可在浅海大陆架钻探，甚至可到更深的水域开展油气勘探，从而为人类开辟了更加广阔的油气勘探领域。海上油气勘探开展较晚，真正离岸在浅水区海上钻井，是 1930 年从美国路易斯安那州滨外、委内瑞拉马拉开波湖和苏联里海巴库附近开始的，之后许多国家都相继重视开展海上油气勘探，钻探技术设备的进步大大促进了海上油气勘探的迅速发展。世界海洋石油地质储量巨大，在 2000 亿吨以上。1995 年海洋石油产量占世界总产量的 30%，天然气产量占世界总产量的 21%。

国外深水勘探始于 1968 年，至今已进行了近 50 年，取得了突破性进展。深水油气田已经成为当前世界石油供应的主要产地之一，估计未来世界油气供应量的 40% 将来自深水区，特别是墨西哥湾深水区、巴西东海岸深水区、非洲西海岸、澳大利亚西北大陆架深水区。这些区域大多数位于开阔大洋被动陆缘（南大西洋裂谷系、北海、澳大利亚西北陆架）；边缘海的被动陆缘（墨西哥湾盆地）、转换大陆边缘（洛杉矶盆地）、主动陆缘（文莱沙巴盆地）也可形成极佳的深水含油气盆地。

南海北部深水区位于非典型被动陆缘，位于大河出口下方，以裂陷期的湖相富有机质页岩为主要生油岩，发育上下叠置的 6 层深水扇储层，这些都分别与世界某些重要深水含油气盆地类似，是有利的石油地质条件。南海北部深水区盐层和盐构造不发育，因而构造圈闭相对较不发育；尼日尔三角洲虽没有盐层，但其页岩层也起到类似作用。南海北部是否有可形成拆离面的页岩层，在下陆坡是否有泥底辟和薄皮挤压构造或深水逆冲褶皱带发育，尚需在今后工作中特别注意。南海深水区蕴藏丰富的油气及水合物资源，要对其进行开发突破深水油气勘探开发卡脖子技术是关键，唯有在储层预测、钻井技术、开发方案等方面形成自主知识产权的技术，才能实现我国海域能源资源的高效开发。

3. 教学环节的设计、教学组织和实施

教学设计代表性多媒体如下图（图 8-1、图 8-2、图 8-3、图 8-4，表 8-1 和表 8-2）。

图8-1 "海洋油气地质学"授课PPT：我国一次能源消费与碳排放

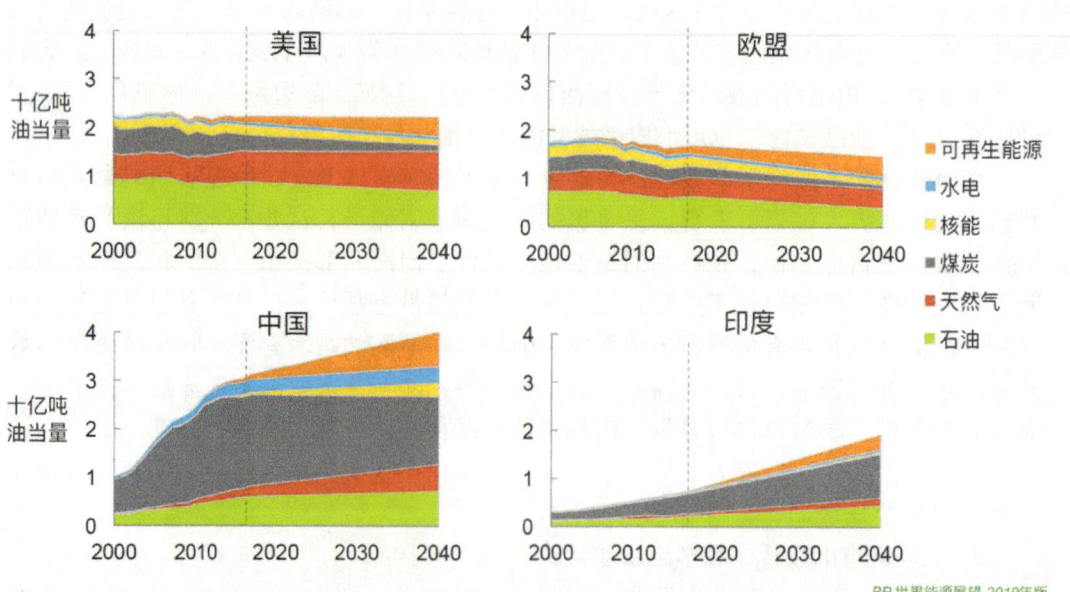

图8-2 "海洋油气地质学"授课PPT：全球不同地区能源消费情况

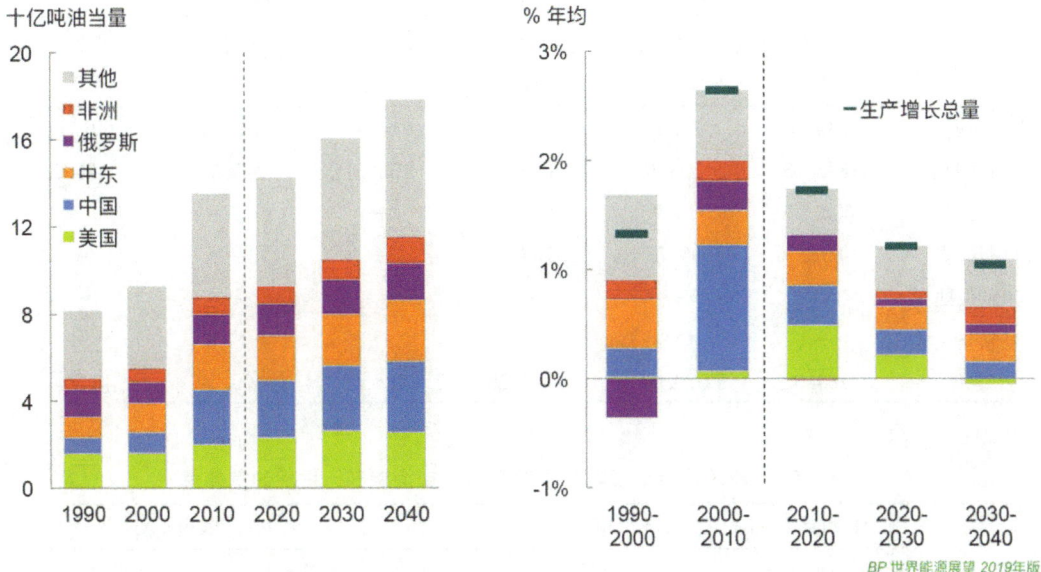

图8-3 "海洋油气地质学"授课PPT：全球不同地区能源生产与增长情况

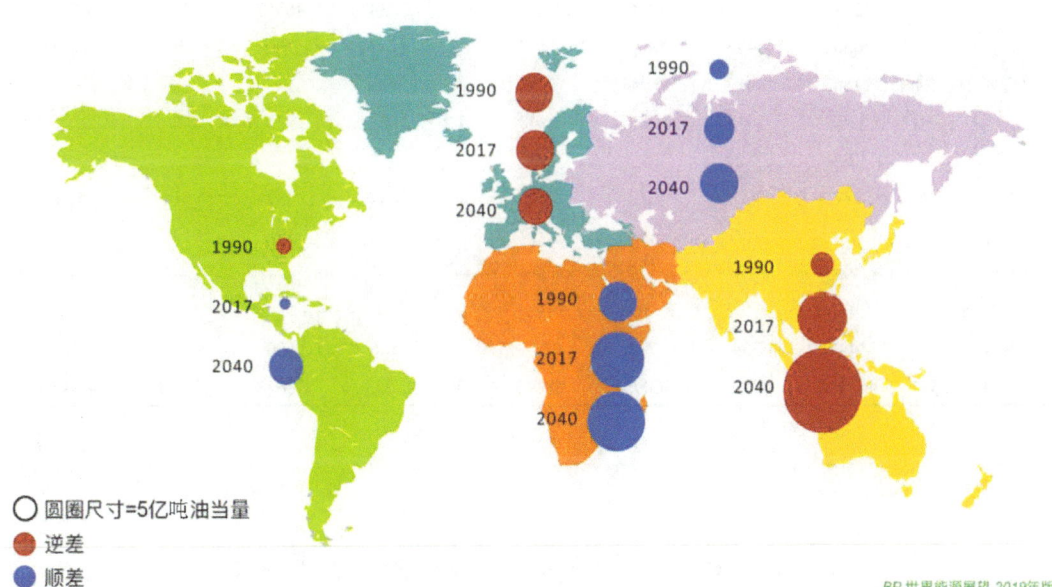

图8-4 "海洋油气地质学"授课PPT：全球能源贸易平衡图

表 8-1 "海洋油气地质学"授课 PPT：南海南部周边国家油气产量

国家	周边国家 2015 年在南海气产量			其中九段线内油气产量		
	石油 /10^4 t	天然气 /10^8 m³	油当量 /10^4 t	石油 /10^4 t	天然气 /10^8 m³	油当量 /10^4 t
越南	250.47	71.81	822.66	216.43	59.58	691.17
马来西亚	1843.63	398.6	5019.73	1368.1	349.91	4156.23
文莱	606.02	113.95	1513.99	—	—	—
菲律宾	83.2	35.73	367.9	—	—	—
印度尼西亚	—	—	—	—	—	—
马来—文莱	—	—	—	—	—	—
合计	2783.32	620.09	7724.28	1584.53	409.49	4847.4

表 8-2 "海洋油气地质学"授课 PPT：南海南部已发现油气储量

盆地	周边国家在南海已发现的油气田及储量					其中九段线内				
	油气田 个	地质储量 石油 /10^4 t	地质储量 天然气 /10^8 m³	可采储量 石油 /10^4 t	可采储量 天然气 /10^8 m³	油气田 个	地质储量 石油 /10^4 t	地质储量 天然气 /10^8 m³	可采储量 石油 /10^4 t	可采储量 天然气 /10^8 m³
文莱—沙巴	158	327045	23286	114201	16411	40	91014	6384	31467	4176
晋母	180	75418	48194	29061	34874	134	57341	46557	22587	33760
万安	42	36302	3483	9856	2472	24	27474	2985	7607	2105
北巴拉望	24	14865	1417	3843	1050	—	—	—	—	—
莺歌海	10	3985	2418	1356	1748	1	0	821	0	657
北部湾	4	1299	72	302	43	—	—	—	—	—
礼乐	1	887	737	614	516	1	887	737	614	516
北康	2	624	136	191	92	2	624	136	191	92
中建南	2	492	13	123	7	—	—	—	—	—
南巴拉望	1	0	9	0	7	—	—	—	—	—
其他	15	3447	354	793	227	2	106	150	68	105
总计	441	465448	80997	160953	58043	206	178530	58648	63148	42006

三、课程思政教学评价与考核

1. 制定了完善的课程思政建设方案

"海洋油气地质学"是海洋科学学院首批课程思政建设课程。教学团队从国家能源战略、海洋强国战略、地缘政治、卡脖子技术等多层次开展课程思政，将思政之盐较好地溶于课程之汤中。加强海洋油气地质学学习与研究，推进南海石油、天然气、可燃冰勘探开发，对缓解我国能源短缺、维护国家主权和海洋权益都具有极其重要的战略意义。

2. 建立了适应"海洋"特色的教学体系

针对当前海洋地质研究的局限性，克服传统石油地质学教学中海洋份量不足等关键问题，以产学研结合的新方式，在"海洋油气地质学"教学中注重海洋深水油气勘探等国际油气勘探新领域最新进展的收集汇编，加强海洋石油地质学教学，促进我校海洋科学学科的快速发展。

3. 编写了《海洋油气地质学》教材

当前海洋石油工业蓬勃发展，国内现有的石油地质学相关教学略显滞后，海洋油气地质领域教学工作涉及较少，没有"海洋油气地质学"专门教材。教学团队新编了《海洋油气地质学》教材，涵盖基础篇、应用篇、实践篇三大模块，石油地质理论与实践紧密结合，紧跟国际石油勘探最新动态成果，深入推进海洋领域油气地质理论的教学工作。

4. 新编了海洋油气地质学实验与实践教学方案

"海洋油气地质学"课程实践性的较强，授课团队充分利用省部级重点实验室平台，建立了海洋油气地质学实验室，开展海洋油气地质学相关实践教学。同时，教学团队与中海油、中石油、中石化等大型国企具有较好的合作关系，且与广州海洋地质调查局是共建单位，每年组织学生前往石油工业一线实习实践，较好地接触最新的石油勘探理念。

5. 搭建了国际化的合作团队

教学团队已与美国德州大学、德州农工大学等石油勘探传统名校建立了良好合作关系，派遣了青年骨干教师前往访问交流，并选派优秀本科生、研究生去美国德州农工大学学习，加强石油勘探行业国际化人才培养。

四、课程思政教学特色与创新

"海洋油气地质学"课程教学团队在近10年的教学改革与实践中，脚踏实地，锐意改革，勇于创新，形成以下几个创新点。

（1）充分发挥党支部建在海洋地质学科上的优势，以党建促教学，加强课程思政建设。在"海洋强国""陆海统筹"系列学习之时，与海洋油气地质基础理论及我国海洋石油勘探开发现状相结合，思政之盐较好地溶于课程之汤中。

（2）《海洋油气地质学》教材的编写具有重要的意义与价值。目前国内现有的石油地质学相关教材略显滞后，海洋油气地质领域教学工作涉及较少，没有"海洋油气地质学"专门教材。我们根据现今海洋油气勘探新认识新成果编写《海洋油气地质学》教材，加强海洋石油资源开发教学研究，引领海洋油气勘探行业最新潮流，此举具有重要的意义与价值。

（3）与时俱进，将石油地质勘探最新成果融入课堂，建立非常规油气勘探领域的常规教学模式。深入剖析页岩气、油页岩、天然气水合物等非常规油气的石油地质特征，并与常规油气成藏理论对比研究，完善现有教学体系，建立与国际接轨的"海洋油气地质学"课程新体系。

（4）海陆并重，加强海洋石油勘探理论与实践教学。针对海洋地质研究的局限性，克服了传统石油地质学教学中海洋分量之不足，以产学研结合的新方式，学习实践海洋深水油气勘探等国际油气勘探新领域的最新进展，加强了海洋石油地质学研究，促进了海洋科学学科的快速发展。

（5）因地制宜，加强海洋石油地质学人才培养，引领南海油气勘探新局面。南海是我国最大的石油资源接替基地，目前在沿海各高校以石油勘探开发研究特别是海洋石油勘探为主要目标的重点学科还属空白。因此，加强海洋石油地质教学实践，有利于我省形成面向国家油气资源重大战略需求的创新人才培养基地。

五、课程思政教学效果与推广

（1）积极推广课程思政课堂教学改革经验。作为海洋科学学院首批课程思政建设课程，课程负责人万志峰副教授在讲解我国海洋油气地质特征时，穿插介绍我国海洋争端，特别是东海和南海面临的政治问题，激励学生开展海洋油气地质学的学习与研究，守护我们的蓝色国土。多次参加学院教师座谈会，积极推广课程思政教学经验。

（2）编写《海洋油气地质学》教材，有利于知识传播。《海洋油气地质学》教材可供海洋科学、地质学、地质工程、石油工程等专业学生使用，也可作为海洋石油勘探与管理的企事业单位人员的参考书。新编《海洋油气地质学》教材涵盖基础篇、应用篇、实践篇三大模块。基础篇部分主要为油气成藏理论的基本概念、基本理论与规律。理论篇部分为全球海洋含油气盆地石油地质规律。实践篇部分主要为我国海洋石油勘探实践。

（3）校企合作，加强实践教学，增强了学生动手能力。本课程团队与中海油、中石油、中石化等大型国企具有较好的合作关系，且与广州海洋地质调查局是共建单位，校企结合，开展实践教学，为学生提供深入石油工业一线实习的良好机会，较好地接触最新的石油勘探理念，受到学生一致好评。

（4）参加学术交流与讲座，加快交流推广。"海洋油气地质学"教学团队多次受邀到中科院、高校、石油企业交流，并多次参加学术研讨会，讨论国际前沿成果，这不仅可以推进学术创新，也可以很好地展示我们教学改革成果。

（5）课题教学效果好，师生评价高。根据海洋科学学院师德考核小组工作计划和本科生事务委员会工作制度，学院组织了32位教师进行听课，随机组织了148人次本科生进行了授课情况评教，学生整体教学评价良好。同时教务部组织督导共听课6次，认为万老师专业功底扎实，讲课态度认真、投入，与学生有良好的互动性，教学效果良好。历年评教平均分95.2，多次位列学校前1%。

（6）发表教学改革论文1篇、思政论文1篇。2021年9月在《教育科学》杂志发表教学改革论文《校企结合，海陆并重，国际接轨——“海洋油气地质学”教学改革探索》（图8－5）。2022年4月在《当代教学实践与教学研究》杂志发表课程思政论文《强思政向海图强，重实践经略海洋——“海洋油气地质学”课程思政探索》（图8－6）。

教学研究

校企结合，海陆并重，国际接轨——“海洋油气地质学”教学改革探索

万志峰　夏斌

中山大学海洋科学学院，广东 珠海 519082

摘要：海洋是人类赖以生存和发展的巨大资源宝库，海洋油气资源的开发与利用已成为世界各国普遍关注的问题。加强海洋石油地质与勘探相关方向人才培养，引领海洋石油勘探开发行业新潮流，促进海洋油气地质高等教育教学改革十分必要。近5年来，本课程教学团队从教学团队、教学内容、实践教学等多方面入手，校企结合，与时俱进，重视实践，强化非常规油气勘探新认识与常规油气地质理论的内在联系；海陆并重，突出海洋，展现全球海洋深水油气新领域勘探新成果；国际合作，培养石油地质勘探领域国际化复合型人才。形成了《海洋油气地质学》新的教学体系，新编了《海洋油气地质学》教材，搭建了国际化的合作团队，建立实践教学基地。同时，良好的科研工作开展，引领油气勘探行业最新潮流，为海洋石油资源开发教学提供新鲜血液，具有重要的意义与价值。

关键词：海洋油气地质学；教学改革；校区结合；海陆并重；国际接轨

中图分类号：G646　　**文献标识码：**A

图8－5 《教育科学》杂志发表的教学改革论文

当代教育实践与教学研究

强思政向海图强，重实践经略海洋

——“海洋油气地质学”课程思政探索

中山大学海洋科学学院　万志峰

摘　要：我国是石油与天然气消耗大国，原油对外依存度不断增高，能源安全成为国家面临的主要问题之一。随着现代社会发展对油气资源需求的不断提高，海洋油气资源的开发与利用已成为世界各国普遍关注的问题。因此，加强海洋油气地质与勘探相关方向人才培养迫在眉睫。《海洋油气地质学》课程教学团队从“国家能源战略”“海洋强国战略”“卡脖子技术”等多层次开展课程思政，加强海洋油气地质学学习与研究，推进南海石油、天然气、可燃冰勘探开发，对缓解我国能源短缺、维护国家主权和海洋权益都具有重要的战略意义。

关键词：海洋油气地质学　课程思政　能源战略　海洋强国　卡脖子技术

文章编号：2095-6711-10-2022-10-0057

图8－6 《当代教学实践与教学研究》杂志发表的课程思政论文

六、课程思政教学反思

本课程涵盖诸多思政元素。从第一节课绪论部分开始,讲授石油的重要地位,与国家能源战略结合。以及后续我国石油工业发展历程,如何突破卡脖子技术,形成中国特色的石油地质理论。课程中后期讲海域油气地质,有更多的思政元素,不仅仅是东海、南海地缘政治与海洋权益问题,还涉及到海洋石油开发的关键技术问题。如何有效地将思政元素融入到课题,激发学生的兴趣与热情,值得进一步探索。

习近平总书记指出,好的思想政治工作应该像盐,但不能光吃盐,最好的方式是将盐溶解到各种食物中自然而然吸收。课程思政是一系统工程,其建设和改革必须继续探索、深化和完善,这就要在总结、借鉴已有成功实践的基础上,结合自身课程的特点,进而形成适合本门课程的完整教学体系。

案例九 "海洋有机化学"课程思政教学实践

课程名称: 海洋有机化学
教学团队: 杨颖(副教授),李静(副教授)
课程性质: 专业必修课
授课对象: 海洋科学专业二年级本科生
授课章节: 碳氢化合物的结构与性质、分子的手性与旋光异构

一、课程思政教学理念与目标

1. 课程思政教学理念

海洋有机化学是一门以有机化学理论为基础，综合认识有机物特征的课程，亦是海洋化学专业教学开展的必要理论课程，是海洋化学方向学生认识海洋环境中各类有机化合物的结构、来源、作用、分布和相关分析方法的基础。作为一门理科课程，不能在授课过程中简单机械地进行思想教育，而是需要结合课程内容，在适当的时候引入与课程内容相关的思政元素，努力做到有机结合、自然融入，以求达到"润物细无声"的效果。在学生学习海洋有机化学重要知识点的同时，激发学生学习内在驱动力，提高自身思想政治素养，促进专业教育与思政教育的相互融合。

2. 课程思政教学目标

本门课程的思政教学突出培育培养学生理论联系实际、实事求是的科学态度及分析问题、解决问题的能力，强调科学研究中百折不挠奋斗精神的重要性，注重把辩证唯物主义、历史唯物主义贯穿渗透到课堂教学中。同时，课程思政教学亦注重引导学生增强人与自然环境和谐共生意识、人类命运共同体意识。通过课程思政，赋予课程更多的内涵，提高学生对所讲授知识的感性认识，促进学生进行自我思考和学习，提升课堂效率与品质。

二、课程思政教学思路与方法

1. 课程思政教学思路

海洋有机化学为中山大学海洋科学学院海洋科学专业海洋化学方向的专业必修课程。本课程以理论学习为主，在教师的讲解与学生一起参与的讨论中，使学生掌握有机物的结构特征、化学特性及应用，让学生深入理解和牢记有机化学"结构决定性质，性质反映结构"的特征，将"透过现象看本质"的逻辑贯穿整门课程。同时，培养学生理论联系实际、实事求是的科学态度及分析问题、解决问题的能力。

课程具体思政内容教学思路总结如下（表9-1）：

表9-1 "海洋有机化学"课程思政教学思路

章节	知识点	思政元素融入点
绪论	有机化学发展历史	从有机化合物的元素组成测定、分子结构分析与立体结构分析,到有机分子成键理论与反应理论,展现学科历史发展脉络,培养不断探索的科学研究精神
	海洋中的有机化合物	围绕我国海洋资源,以我国石油资源、天然水合物及天然产物等关键海洋资源作为引子,介绍海洋资源的合理开发与科学利用,引导学生了解世界、国家海洋环境相关政策及中国海洋建设发展成就
	共振理论	介绍共振理论的提出者鲍林的事迹,引导学生进行多学科学习,培养独立思考、不怕失败、不固步自封、追求卓越的科学态度
碳氢化合物的结构与性质	芳香烃的结构	以凯库勒结构式理论、价键理论与共振论三个理论解析芳香化合物稳定性,说明科学的发现不是一蹴而就的,而是需要有准备的大脑,需要多次的试验与理论改进,培养学生坚忍不拔、不畏艰难的科学精神
	芳香烃的性质	介绍河口与近海环境常见污染物多环芳烃的持久性与生态毒性,提醒学生保护海洋环境的重要性
分子的手性与旋光异构	分子的手性	以"反应停"事件引入分子手性的概念,强调有机化合物手性分析的重要性,引出"科学是一把双刃剑"的观点,培养学生细心、客观、严谨的科学态度
亲核取代反应	格氏试剂的制备与应用	介绍诺贝尔化学奖维克多·格林尼亚发明格氏试剂的事迹。用科学家的故事激发学生的学习热情,增强学生自信心,培养为科学奉献的精神
氧化还原反应	羰基的脱氧加氢还原	介绍"黄鸣龙改良还原法"的发现过程,强调该方法的重要意义与应用,延伸到黄鸣龙的爱国情怀以及对国家和世界所做的科学贡献。培养学生科学强国、知识报国的意识,强调民族自信,增强民族自豪感

2. 课程思政教学方法

(1) 教学案例1:芳香烃的结构与性质。

芳香烃是一类重要的具有芳环结构的化合物。它们结构稳定,不易分解,可能会对环境造成严重的污染。此外,很多具有活性的海洋有机化合物也具有芳环结构。因此,需要熟练掌握芳香烃的性质,才能有效开展相关方向的研究。要学习芳香烃的性质,必须先了解其结构。课堂以凯库勒结构式理论、价键理论与共振论三个理论解析芳香化合物稳定性。以此说明科学的发现不是一蹴而成的,而是需要经过长时间的积累与思考,才能获得突破,才能建立成熟的理论体系(图9-1),从而正确地分析问题。以此例子激励学生养成不断思考的习惯,坚忍不拔与不畏艰难的精神。

(2) 教学案例2:分子的手性及旋光异构性质。

手性是有机化合物分子的重要立体结构,影响着有机分子的生物活性。有机分子不同对映异构体,在生理过程中会显示出不同的效果。尤其是当手性药物的一种对映异构

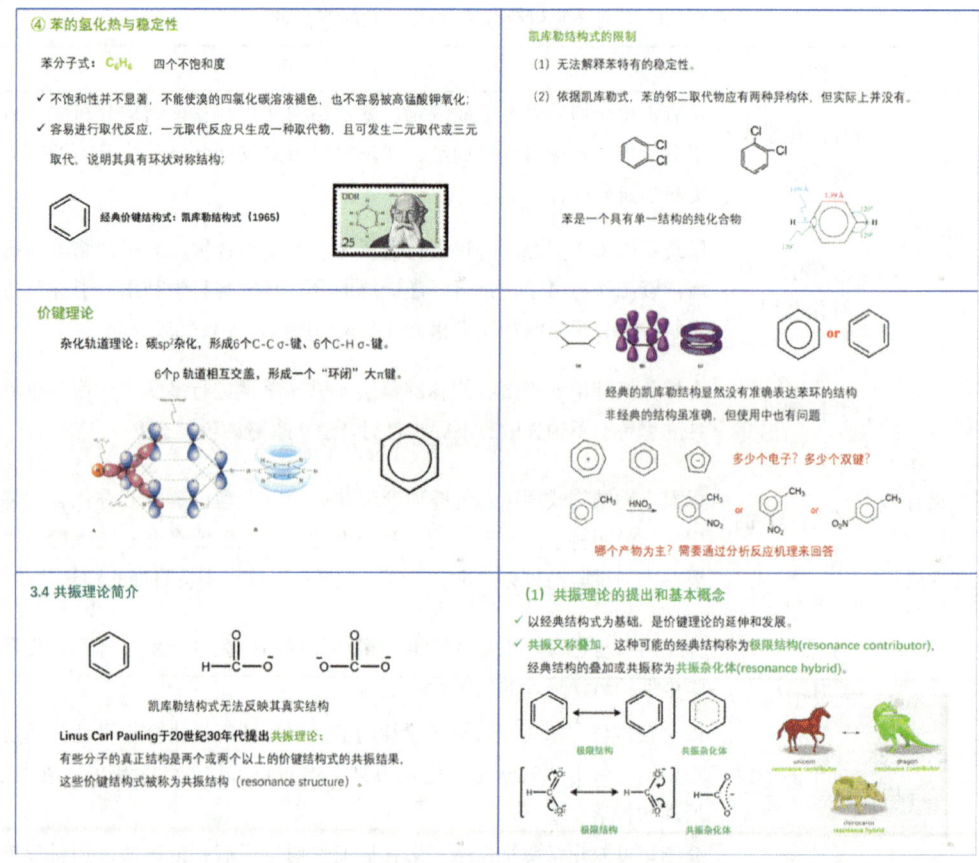

图 9-1 "海洋有机化学"授课 PPT：凯库勒结构式理论、价键理论
与共振论对芳香烃化合物稳定性的阐述

体对治疗有效，而另一种对映异构体表现为有害性质时，情况更为严重。进行分子的手性及旋光异构性质教学时，首先，利用日常生活中常见的手性现象帮助学生理解分子手性的概念，然后引入"反应停"事件，强调分子手性的差异将导致其生物活性与毒性的差异，提高学生对分子手性知识点的重视程度。通过"反应停"这一例子，引出"科学是一把双刃剑"的观点，强调培养细心、客观、严谨的科学态度的重要性（图9-2）。建立学生对分子手性的重视后，将通过课堂讲授介绍分析手性的概念、判断标准、检测方法与相关的反应特征。

3. 教学环节的设计、教学组织和实施

教学环节主要由课前准备、授课环节与课后交流三部分组成（图9-3）。

"反应停"（酞胺哌啶酮）灾难

1959—1963年间席卷西德、英国、日本的"海豹症"，就是孕妇口服了治疗妊娠呕吐的药物反应停后，这些国家连续出生了2万多例貌似海豹的短肢、缺肢、无眼、缺耳、腭裂、肛门闭锁的畸形儿。

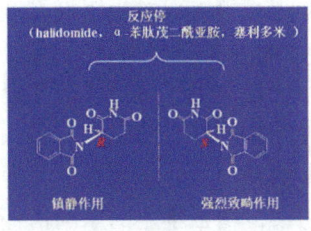

反应停
（halidomide, α-苯肽茂二酰亚胺，塞利多米）

镇静作用　　　强烈致畸作用

微观分子的**手性**现象：

1811年，石英晶体两种形式。

1849年，Pasteur L 拆分酒石酸盐，得到两种晶体。

外形完全相似却不能重合。

有旋光活性，一为右旋，一为左旋，旋光度相等，方向相反。

 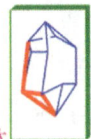　

石英晶体

图9-2　"海洋有机化学"授课PPT：手性现象与手性分子性质

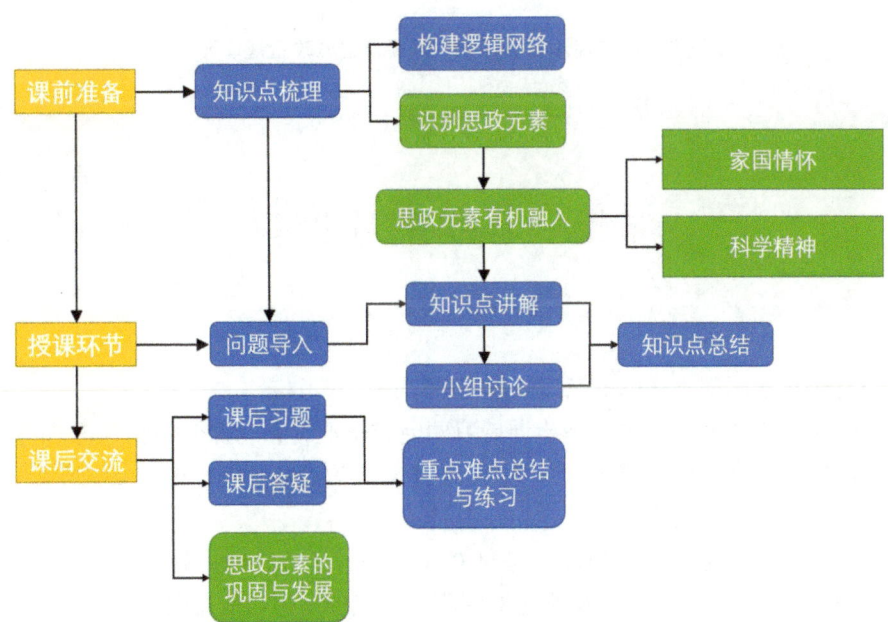

图9-3　"海洋有机化学"课程思政教学环节设计思路

(1) 课前准备。海洋有机化学涉及很多需要记忆及理解的知识点。教师在课前需要分析总结课程重点与难点，梳理不同知识点的逻辑关系，建立知识点网络结构。同时，寻找知识点中蕴含的思政元素，并思考如何将思政元素有机地融合在课堂教学中。

(2) 授课环节。在授课环节中，首先以图片或小视频为材料，以问题导入介绍章节主要内容。在后续授课的过程中，将通过知识点讲解或者小组讨论等形式，将知识点对应的思政元素有机地结合到课堂授课中。例如，在讲授海洋有机化合物重要性的时候，引入我国南海天然气水合物的开采与利用，让学生了解我国海洋资源开发与利用的进展与成就，增强民族自豪感。在讲解芳香烃结构的性质的时候，引入凯库勒发现苯环结构的故事，突出科学家不断探索、坚持思考的精神。让学生在学习海洋有机化学知识点的同时，潜移默化地受到课程思政元素的感染，增强学生的家国情怀，培养学生的科学精神，达成"润物细无声"的效果。在每个章节结束后，对主要内容进行总结与回顾，引导学生从课程内容出发，了解学科前沿信息。

(3) 课后交流。建立海洋有机化学课程微信群，在课后也可以通过线上与同学们进行深入的交流。通过每个章节的课后练习与交流，检验学生对该章节的掌握程度。在课后练习中，亦可设计思政元素的融入（图9-4），进行思政元素的巩固与发展。同时，引导、鼓励学生使用思维导图总结知识点与思政元素之间的逻辑关系，促进学生更好地理解及应用课程知识点。

8. 黄鸣龙是我国著名的有机化学家，他（ ）
A. 完成了青霉素的合成
B. 在有机半导体方面做了大量工作
C. 改进了用肼还原羰基的方法
D. 建立了测定氨基酸的方法

图9-4 "海洋有机化学"课后习题思政元素举例

三、课程思政教学评价与考核

海洋有机化学课程将从以下三方面进行教学评价与考核。

(1) 平时表现考核。主要以学生课后习题完成情况，参与课堂讨论情况进行考核。通过课后习题及课堂讨论的情况，可以认识学生对知识点的掌握程度，同时亦可了解学生对课堂思政元素的吸收。

(2) 测试考核。通过课堂测验与考试对学生进行考核，根据教学进度，设计课堂测试及期中、期末考试内容，考察学生对课程知识点的掌握与应用情况。

(3) 小组展示考核。以小组的形式组织学生对海洋有机化学知识的思政元素、技术应用与前沿知识进行学习与总结。通过学生的总结与展示，可以综合考试来体现学生对关键知识点的认识与相关思政元素的掌握程度。教师亦可通过获得的情况，在后续的课程中作出内容的调整，以提高教学效率与提升思政元素的有机融入。

四、课程思政教学特色与创新

（1）构建知识点逻辑网络，将海洋有机化学的知识点进行有机关联与整合，以问题为引子，通过教师讲授、学生讨论、归纳总结等方式，引导学生带着问题进行学习。建立"为什么学—学什么—应用"及"分子结构—分子性质—反应活性"两种知识逻辑链条，提高学生的学习兴趣，增强学生对知识点的理解。

（2）选择与海洋有机化学相适应的思政元素，在课堂授课过程中，将思政元素与知识点进行有机整合，体现"隐形思政育人""润物细无声"的教学理念。通过多种多样的思政元素，在课堂授课中潜移默化地影响学生，使其在学习过程中不知不觉地受到思政元素的感染，实现培养"家国情怀"与"科学精神"的目标。

五、课程思政教学效果与推广

本课程使用"润物细无声"的隐性思政教学理念，通过寻找合适的切入点，将思政元素有机地融合至知识点讲解过程中，使其形成一个整体，避免出现生搬硬套的情况，让学生在海洋有机化学课程内容学习过程中，逐步受到思政元素的影响。特别是通过海洋有机化学学科发展历程，南海资源开发与环境保护，以及我国科学家在有机化学学科上的贡献等例子，增强学生对专业的认同感与自豪感，让学生树立正确的价值观，了解我国在海洋事业上的成就，培养家国情怀与养成严谨、客观、创新等科学精神。通过思政元素的加入，可以提高与激发学生对海洋有机化学学科的感性认识与兴趣，实现价值引领与知识传授效率的共同提升。上课效果反应良好，2020学年"海洋有机化学"学生评教获得97.32分（图9-5）。

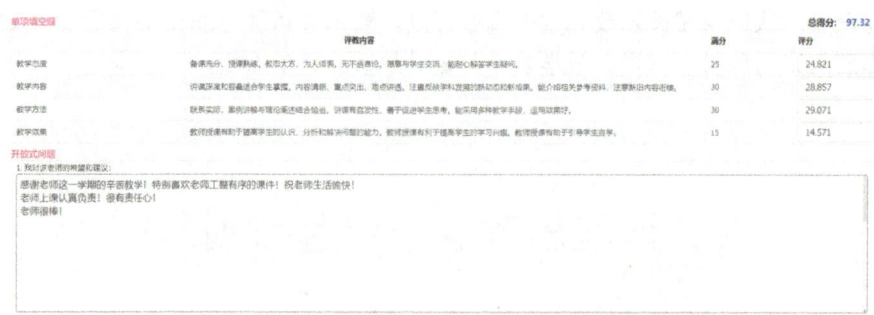

图 9–5 "海洋有机化学"2020 学年评教结果

六、课程思政教学反思

（1）实际困难和不足之处。一方面，海洋有机化学课程本身内容非常丰富且理论性极强，为达成计划的教学目标，教师可能更注重于课程理论知识的传授，对于课程内容相关的思政元素积累不足。另一方面，受到教师自身政治理论素养不足的限制，可能在课程思政的实际执行上，难以做到真正的"润物细无声"。

（2）今后改进举措。首先，在往后的课程教学中，需要不断地进行课程思政元素的积累，加强与其他课程思政工作者的交流，不断对教学内容中的思政元素进行探索与积累。其次，需要优化课程设计，使思政元素可以更有效地融入到课程教学中，真正实现潜移默化的影响。最后，需要进一步明确与优化教学效果评估方式与标准，实现课程思政运作的情况的有效检验，以更好地推进课程思政教学的进步，将课程思政贯穿于教学全过程。

案例十 "生物信息学"课程思政教学实践

课程名称：生物信息学
主讲教师：彭娟（副教授）
课程性质：专业必修课
授课对象：海洋科学专业三年级本科生
授课章节：序列分析（蛋白质序列分析）

一、课程思政教学理念与目标

1. 课程思政教学理念

（1）去繁就简、务实创新。"删繁就简三秋树，领异标新二月花"是习近平总书记多次提到的郑板桥诗联，体现到本课程的思政内涵中，意指始终主张以最简练、质朴的初心，去理解和创造丰富的内容，一步一个脚印，量变到质变，不赶潮流、不媚世风，始终贯彻务实、创新的精神。"生物信息学"作为海洋科学学院的一门专业基础课程，宛如海洋生物大数据中的一叶轻舟，如何拨开数据的层层迷雾，发现其背后的生物学意义，为基因技术、生物医药、海洋生态及整个海洋生物产业提供前瞻性的基础，需要的也正是这种去繁就简、务实创新的态度和精神。

（2）学以致用、科技报国。该门课程是运用数学、信息学、计算机科学、物理学及统计学等多门学科的方法研究生物学的问题，属于多学科相互渗透和高度交叉的学科，非常适合已经完成前两年基础理论课如分子生物学、高等数学、统计学等课程学习的大学三年级学生。迈入大学三年级的他们，已经摆脱了初入大学时的迷茫，对所学专业有了更充分的认识，思想相对成熟，对前程已有大致的规划，对未来充满希望和奋斗激情，但又因为缺乏对社会的具体认知实践，对于如何学以致用、将个人的前途命运与报效祖国、造福人类的远大目标结合起来，还是有些"山重水复疑无路"，找不到明确的方向。因此，此时把思政元素贯穿于生物信息学这门前瞻性的课程教学中，通过介绍生物信息学的发展前景、生物学数据的巨大积累及生物信息学的快速发展将推动生物学进入全新的境界，通过基本理论知识学习和基本的应用实践，明白如何"管好生物大数据、用好生物大数据"，引导学生充分认识生物产业对国家经济发展的战略支撑作用，让他们在就业时面向国民经济主战场、面向国家重大战略需求，能将个人的远大抱负与生物产业发展密切结合，增强他们为人民服务、为中国共产党治国理政服务、为巩固和发展中国特色社会主义制度服务和为改革开放和社会主义现代化建设服务的使命担当。引导青年学生投身科技强国建设，利用所学的生物信息学知识，投入到为国家、为民族贡献中去。

2. 课程思政教学目标

（1）在新一代信息技术及互联网、大数据的时代背景下，培养务实、创新、具有国际竞争力的高质量复合型人才奠定基础。

（2）引导学生将个人的远大抱负与国家重大战略需求密切结合，增强"四个服务"本领的使命担当，拥有科技报国的家国情怀。

二、课程思政教学思路与方法

1. 课程思政教学思路

以海量的蛋白质序列数据为基础,以"蛋白序列相似—蛋白质结构相似—结构与功能—结构预测—功能预测"为课程内容主线(图10-1),围绕实际应用中遇到的具体科学问题和具体案例,提出问题,引入案例,在案例分析中融入思政元素,将蛋白质序列相似性搜索和蛋白质三级结构预测所涉及的专业知识点和课程思政要点有机融合。

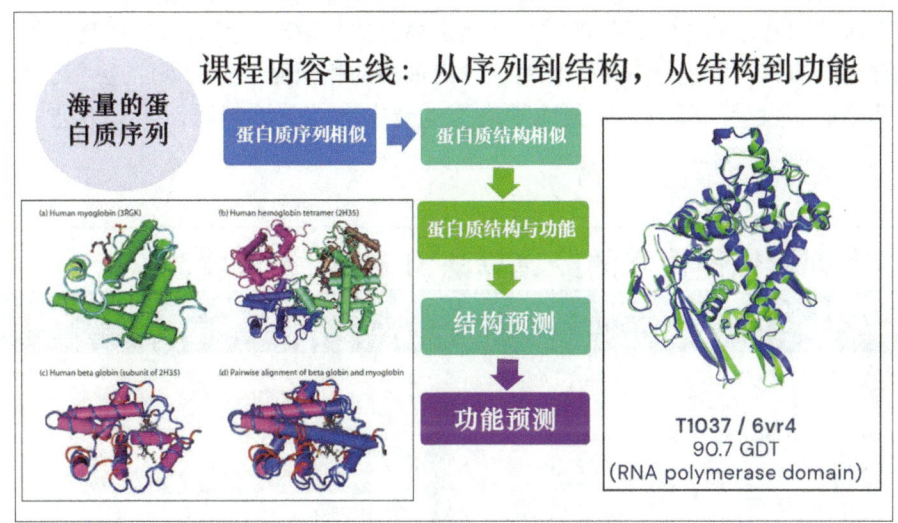

图10-1 "生物信息学"课程思政教学思路

2. 课程思政教学方法

本节课程拟采用"讲授知识+案例思政"的教学方法,在案例分析中融入思政育人功能。"生物信息学"内容涉及分子生物学、计算机科学、信息科学、数学及统计学等已学过的相关专业课程知识,多学科相互渗透、高度交叉,教学难度大,学生往往难以理解透彻。为了改善教学效果,在优化教学内容的基础上结合课程特点,紧紧把握"去繁就简、务实创新、学以致用、科技报国"的思政理念,以问题式教学法和案例教学法,一问题一案例,采用重点热点文献解读、国际国内重大需求渗透及动画、图解等直观方法和互动式教学,促进学生对抽象概念的理解和知识点的融会贯通,并在不知不觉中理解吸收课程思政内涵。

(1) 教学案例1：序列相似性搜索。

该内容要解决的关键问题是"如何从庞大的蛋白质序列数据库中快速找出查询序列的相似序列？"。围绕这一问题，先回顾前面所学的内容"序列比对"，提出基于已学知识的问题解决方案：如我们知道找到相似序列的意义在于相似的序列往往起源于一个共同的祖先，它们很可能有相似的空间结构和生物学功能；而且序列的相似是可以量化的，通过序列比对算法可以计算出序列的相似度，上节课我们已经学会如何做双序列比对，引导学生思考"那么可不可以拿这条查询序列和数据库中的每条序列逐一进行双序列比对？"。接下来，通过用在线工具如 EMBL 的双序列比对工具进行全局比对实时演示，提醒学生注意到每比对一次需要耗时一至两秒的时间，数据库中有几百万条序列，全部和查询序列比对一遍，任务繁琐、耗时太久。此时，引导学生进一步思考该如何优化比对过程，去繁就简，解决这一生物信息学最基础也是最实际的应用问题（图10-2）。在这一过程中，由专业知识点自然而然地引申出本节课的思政元素。最后，讲解序列相似性搜索的经典算法BLAST，即在构建词库的基础上，通过将两条序列扫描一遍找出所有片段对，并在允许的阈值范围内对片段对进行延伸的方式，找出高分值片段对，然后将这些高分值片段对所在的序列与查询序列进行双序列比对，给出最终的相似度搜索结果。这一巧妙的算法优化过程节省了大量的时间，完美地解决了本节内容的关键问题，让学生进一步领悟"去繁就简"的思政内涵。

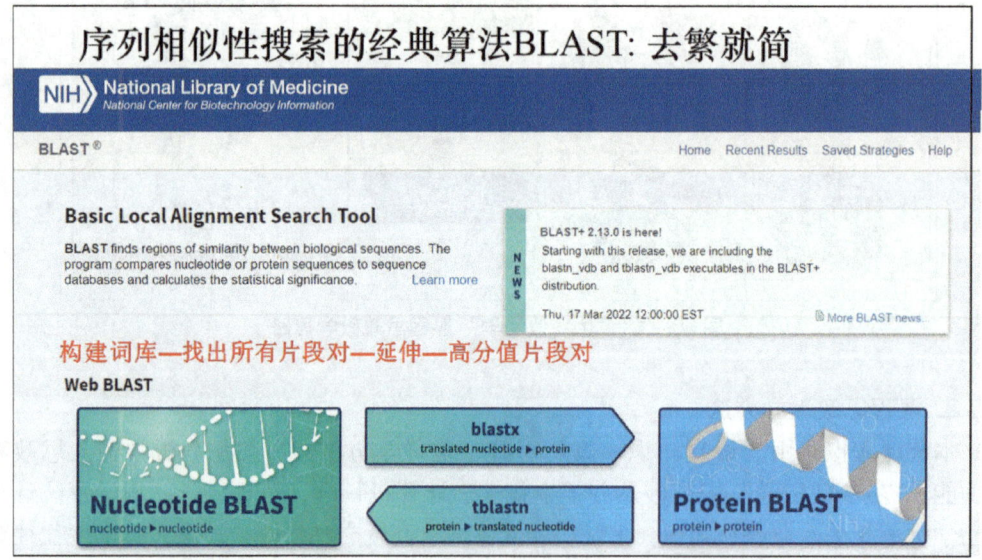

图10-2 "生物信息学"教学案例1：序列相似性搜索算法 BLAST

(2) 教学案例2：蛋白质三级结构预测。

首先，提出三个思考问题："为什么要进行蛋白质三级结构预测？"，"如何进行蛋白质三级结构预测？"和"蛋白质三级结构预测的应用？"。然后，对这三个问题作分析。

问题一相关案例及分析：神经退行性疾病如阿尔茨海默症、帕金森病、亨廷顿舞蹈病,朊蛋白病如疯牛病、家族性肌萎缩侧索硬化症等均与错误折叠的蛋白质聚集并形成淀粉样纤维沉淀或斑块有关。病因解析发现,蛋白质的折叠发生错误,尽管其氨基酸序列不变,但蛋白质的三维构象发生了改变。一旦正常蛋白转变成错误构象的对蛋白酶不敏感的不溶性蛋白,就会从细胞膜上解离,在溶酶体内聚集,最终导致溶酶体崩解和细胞变性死亡。由此引导学生理解蛋白质结构与功能的关系。蛋白质三级结构解析是生物学界最大的挑战之一。长久以来,人们需要借助实验确定完整的蛋白质结构,这些方法往往需要数月甚至数年时间。蛋白质序列数目可以说是无穷无尽的,存在解析出来的结构的只是沧海一粟。因此采用生物信息学的手段对海量的未知结构的蛋白质序列进行结构预测,从而预测其功能,在生物学上意义重大,是在传统结构生物学研究的基础上,贯彻务实、创新的精神而产生的发展和突破,这也正是我们要一直坚持的科学研究精神。由此引入思政元素。

问题二相关案例及分析:2020 年 11 月 30 日,在第 14 届世界蛋白质预测结构挑战赛 CASP 上,谷歌旗下人工智能公司 DeepMind 开发的深度学习程序 AlphaFold 脱颖而出,利用人工智能首次成功实现了蛋白质三级结构的精确预测,成为该年度世界十大科技进展之一(图 10-3)。针对这一案例,引导学生阅读 *Nature*、*Science* 等重要期刊对该事件的相关文献报道,进一步阅读其深度学习与张力控制算法,并与同年 10 月我国腾讯公司 AI Lab 团队开发的 tFold 蛋白质结构预测算法进行比较(图 10-4),激发学生对更好地解析更复杂的蛋白质结构的兴趣,了解我国在这一领域目前的研究水平及与其他国家的差距,引入"学以致用、科技报国"的思政元素,倡导青年学生发扬务实创新精神,在科研突破中发挥核心作用,让我们一步一个脚印,实现从跟跑到并跑并最终领跑的跨越。

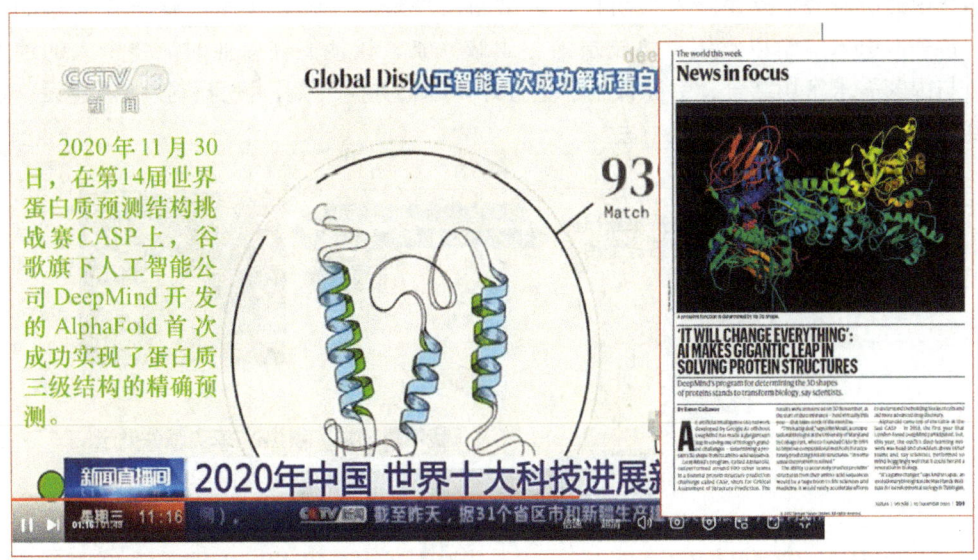

图 10-3 问题二相关案例:谷歌开发的 AlphaFold 实现了蛋白质三级结构的精准预测

图 10-4　问题二相关案例：我国腾讯公司 AI Lab 团队开发的 tFold 蛋白质结构预测算法

问题三相关案例及分析：伊马替尼取代格列卫治疗后慢性粒细胞白血病患者从平均存活 5 年到 10 年生存率 90%、曲妥珠单抗药对没有 Her2 受体的女性乳腺癌患者药效差且有严重的心脏副作用风险，基因检测后可以避免使用（图 10-5）。针对这些蛋白质类癌症靶向药，引导学生阅读相关文献报道，理解蛋白质分子的病理学机制，了解蛋白质结构预测在疾病诊断和靶向治疗中的重要应用。进一步激发学生对解析蛋白质结构的兴趣，通过介绍其发展前景，引导学生充分认识这些生物学数据的巨大积累及生物信息学的快速发展将推动生物学乃至医学进入全新的境界，使学生进一步理解"十四五"期间我国经济发展要立足新发展阶段、贯彻新发展理念、强化国家战略科技力量的内涵，再一次引入"学以致用、科技报国"思政元素，让他们在就业时能将个人的远大抱负与国家需求密切结合，引导青年学生打好基础，务实创新，投身科技强国建设，投入到为国家、民族社会的贡献中去。

图 10-5　问题三相关案例：伊马替尼抗癌药的研发与"学以致用、科技报国"

3. 教学环节的设计、教学组织和实施

教学环节主要包括预习提问、随堂测验、课堂讨论及课后作业等。课前在对分易教学平台上发布预习内容，包括上述思考题和相关重要文献。课堂讲授以问题为导向，围绕所提出的科学问题，开展课堂讨论，采用一问题一案例的教学方法，将专业知识点和思政元素进行融合并自然引入。为了检测、评价教学效果，开展随堂测验，并布置课后作业。具体实施如下：

（1）课程思政教学 PPT 设计。

序列相似性搜索：呈现海量蛋白质序列的幻灯片，以及实时双序列比对和 Blast 程序对比的幻灯片，进行比较，引入思政元素"去繁就简"。

蛋白质结构预测：以幻灯片形式播放一组图片：阿尔茨海默症、帕金森病、亨廷顿舞蹈病、疯牛病、家族性肌萎缩侧索硬化症患者脑组织中淀粉样纤维沉淀；呈现蛋白质序列数目与解析出来的蛋白质结构的对比图；播放深度学习程序 AlphaFold、我国腾讯公司 AI Lab 团队开发的 tFold 蛋白质结构预测算法的幻灯片；播放伊马替尼、曲妥珠单抗药等蛋白质类癌症靶向药及"学以致用、科技报国"的幻灯片。播放图片时，注意细节，辅以详细讲述。

（2）教学思路导图。按照课前－课中－课后进行课程设计（图 10-6）。

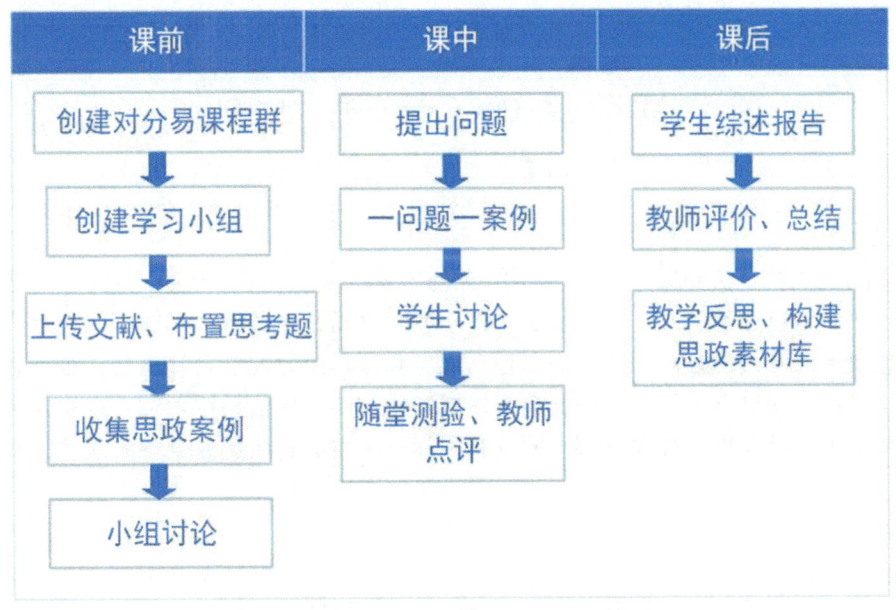

图 10-6 "生物信息学"教学思路导图

（3）板书设计。在课程教学过程中，板书的呈现可以结合思维导图进行设计，力求简洁、清晰，体现主题、突出重点。

三、课程思政教学评价与考核

构建"课堂教学+实践操作+平时表现"相结合的考核模式。既侧重对专业知识的考核，如可以通过项目操作的方式检验学生的专业知识掌握程度，同时还注重考核方式创新，尤其是改变过去单独以笔试分数为唯一标准的模式，侧重对学生务实态度、创新精神及社会责任感使命感等维度的考核，适应学科发展要求。引导学生明确专业与思政两方面的学习方向，督促学生掌握生物信息学知识的同时注重综合素质的提升。

设计课程思政内容相关的选择题、判断题等在课堂中进行随堂测验，并在学期末或课程进行过程中，布置一份"学以致用、科技报国——论生物信息学研究人员在我国经济建设中的责任与担当"的综述报告，教师根据课堂测验及学生报告内容涉及的思政教学效果进行量化评价。

四、课程思政教学特色与创新

采用问题式教学法和案例教学法相结合的方式，实行"一问题一案例"的教学模式，将思政元素自然地引入，把思政之盐溶于教育之汤，通过课程实践探索，将专业课程与思想政治课有机融合，把独立的课程知识点和课程思政元素巧妙融合，德育目标贯穿教学全过程，促进学生德技并修、全面发展，为在新一代信息技术及互联网、大数据的时代背景下，培养出符合国家需求的具有国际竞争力的高质量复合型人才。

五、课程思政教学效果与推广

本节课程采用独立的课程知识点和课程思政元素巧妙融合的教学理念，通过问题和案例相结合的教学方法，意在用渗透性的、潜移默化的方式使大学生在接受专业知识的同时接受思想政治教育。尤其通过问题提出，激发学生的自我思辨，采用"一问题一案例"的模式，在案例分析中让学生不知不觉体会到思政内涵，如介绍蛋白质折叠病、深度学习程序 AlphaFold、我国腾讯公司 AI Lab 团队开发的 tFold 蛋白质结构预测算法、伊马替尼和曲妥珠单抗药等蛋白质类癌症靶向药的研制等，激发学生对解析蛋白质结构并应用到具体生物及医学实践的兴趣，深化了他们科技报国的家国情怀，提升了青年学生的历史使命感、时代紧迫感及社会担当的精神。此种教学理念与方法可推广至其他课程的建设过程中，具有一定的借鉴价值。

本门课程学生评教多次在全校和全院课程中排名第一，获得了学生们的一致好评。通过本门课程的学习，他们在打下坚实基础的同时，也对生物信息学产生了浓厚的兴趣，在心中埋下了生物信息学研究的种子。近年来，我院多名本科生毕业后选择了生物信息学专业继续深造，如 2015 届本科毕业生节晓宇、2016 届本科毕业生张宁远、2020 届本科毕业生黎泽欣、2021 届本科毕业生孙瑞贤、2022 届本科毕业生王鹏等同学，他们毕业后分别前往英国帝国理工大学、美国斯坦福大学、美国宾夕法尼亚大学、香港科技大学等世界名校继续攻读生物信息学专业的研究生；还有的学生在校期间纷纷前往清华大学、上海交通大学等参加生物信息学方向的夏令营交流学习，充满了对生物信息学研究的热爱和激情。

六、课程思政教学反思

在课程思政的教学过程中，教师起到了关键的作用，别具风格的课堂和融合创新思想的专业知识都能激发学生的学习兴趣，并促使学生逐渐养成创新精神。学无止境，学生如此，教师亦是如此，"学的越多发现自己不懂的越多"，尤其在如今生物信息学日新月异、迅猛发展的态势下，更要不断地努力学习。教师的职责是教书育人，但首先自己得有广泛的知识视野，不断地更新知识体系结构。如教师应到生物信息学相关的科研院所、企业单位进行考察交流，拓宽授课教师知识视野的同时，丰富课堂教学内容，逐步改善教学效果。

当今中国正处于社会转型期，思政教育工作也正处于传统与现代交汇的结点，思政教育工作内容建设不够完善，理论更新速度较慢，无法实时捕捉大众关注且具有一定价值导向性的问题与内容。因此，以后的思政教育工作应注重在数字化媒体的作用下整理、分析学生信息以及思想变动，将即时性的问题与思想政治教育工作相对接，保证思政教育内容的完整性、多样性、同步性。

案例十一 "物理海洋学"课程思政教学实践

课程名称： 物理海洋学
主讲教师： 龚文平（教授）、张恒（副教授）
课程性质： 专业必修课
授课对象： 海洋科学专业二年级本科生
授课章节： 深海环流

一、课程思政教学理念与目标

1. 课程思政教学理念

"物理海洋学"是海洋科学专业的核心专业必修课。结合课程特点,引导学生结合专业知识,通过了解物理海洋学发展史和新中国海洋科考事业,树立正确的三观,勇于投身国家海洋事业,肩负实现建设海洋强国的理想和责任,全面提高学生思想政治素养。本课程的课程思政主要包括以下三点:①通过让学生学习海洋动力过程产生机制和成因,引导学生利用已经学习到的数学物理工具解决问题;②通过一些海洋动力过程引发的海洋灾害实例,让学生可以将自身所学专业与之相联系,培养学生利用专业知识服务沿海地区的社会责任感和担当,同时增强自身的专业自豪感;③通过课堂讨论,培养学生将自身专业与气候变化和碳中和等国家重大战略相结合,增加学生担当解决国家重大战略需求重任的使命感。

2. 课程思政教学目标

"物理海洋学"是海洋科学专业的基础核心课程之一,包括海洋物理性质、海洋动力方程与质量守恒、海洋动力过程、大洋环流及海岸过程等五大核心内容。课程在海洋科学专业本科生大学二年级下学期划分专业方向后实施。课程一方面强调学生所学与其已学习课程(如高等数学、大学物理、计算机编程和流体力学等)构成体系,着重锻炼学生利用数学物理工具将现实问题抽象化为数学模型,对海洋动力问题实现定量分析的能力;另一方面,课程加强专业知识体系与爱国主义等思政教育进行高度融合,使学生在掌握基本物理海洋学理论知识的基础和解决问题方法论的同时,学会将自己专业所学知识与国家重大需求及国家海洋战略结合起来,实现"从专业出发实现个人价值与国家需求相结合,在学习中不断凝聚思政底蕴"的教学目标。

二、课程思政教学思路与方法

1. 课程思政教学思路

以物理海洋学中的深海环流理论为基础,紧紧抓住"南北两极盐析过程—高密度水形成—驱动深海环流—千年尺度全球循环—气候变化与深海环流相互作用"这一主线。以我国和国际上的极地科考、已有的极地重大成果、古气候变化证据为实例,将深海环流的形成机制、对气候变化影响及海气相互作用等有机融合,体现课程的综合性、应用性特点。同时，也通过相关思政教学，让同学们理解到人类同住一个地球，海洋和大气相互作用下所引起气候变化是全人类的问题，最后，引出习总书记提出的"人类命运共同体"思想，培养学生对海洋强国、国家重大战略需求和全人类共同面对的海洋利用与保护的使命感和责任感。

2. 课程思政教学方法

本节课程拟采用"PPT 讲授 + 相关电影 + 新闻访谈视频 + 小组讨论互动"的教学方法，其中，重点在相关电影和新闻访谈讲解与之后的小组讨论互动中，加入思政育人功能。

"物理海洋学"内容涉及"海洋科学导论""流体力学""高等数学"等已学过的相关专业课程知识，相关课程内容对数理基础要求高，也较为抽象，教学难度大，学生往往难以理解透彻，也不清楚相关理论知识与实际结合的应用点在哪里。为了改善教学效果，在优化教学内容的基础上结合课程特点，紧紧把握深海环流与气候变化相互作用过程这一关键知识红框，以案例教学法、项目教学法和问题式教学法，采用电影、新闻访谈视频等直观方式和互动式教学，促进学生对抽象物理海洋学概念的理解和实际应用联系的融会贯通，同时对如何将自己的专业知识与国家需求与民族振兴进行有机联系有深刻的体会。

（1）教学案例1：深海环流的意义——来自极地冰层的证据。

在已经介绍了深海环流形成机制的基础上，通过图片和视频介绍我国和国际上已有的极地科考活动（图11-1），让学生思考：为什么各个大国都投入巨资，进行南北两极的科考活动，除了进行资源开发，还有什么考虑？在与学生进行互动后，指出冰层中含有大量的古气候环境信息，能够告诉科学家从数十万年以前至今，地球上的气候发生了怎么样的变化，而这些变化是与深海环流速率及强度的变化息息相关的。通过这点的介绍，学生就能理解为什么国家要投入那么多资源到南北两极开展大规模的科考，这其中，除了更好地应对气候变化，也有大国竞争，争夺国际重大事务话语权的考虑。

图11-1 "物理海洋学"授课PPT：我国科研人员登上南极穹顶A点进行气候研究

（2）教学案例 2：历史上气候事件对地球的影响及与深海环流的关系。

引入 nature 和 science 期刊上有关气候变化的经典论文，介绍根据地质学证据所反演的 Dansgaard-Oeschger 事件（DO 事件）和海恩里希事件。向学生介绍地球上从百万年前至今，经历过多次冰期，同时也经过多次全球气温快速上升的过程。历史上这些升温过程，都不比今天人类在 1840 年工业革命后期，同时在升温事件发生后，往往伴随着冰河期的到来。这里与学生互动，引导学生思考，目前全球变暖的趋势，到底是地球本身的周期性变化，还是人类排放温室气体所主导。作为科研工作者，要源事析理、勇于探索，基于科学事实作出客观判断。

（3）教学案例 3：我国在碳排放和应对气候变化方面的战略及国际形势。

在授课过程中，先播放 2003 年上映的美国电影《后天》片段（图 11-2）。在播放电影的过程中，对里面很多涉及物理海洋学中深海环流、气候变化知识点细节，对学生进行一一讲解，使学生对深海环流形成机制及其对气候的影响，有一个更为直观的认识。同时，对电影中一些夸大气候变化负面影响的情况，也要结合专业知识，对学生进行正确的引导。在播放完电影《后天》，接着播放中央台在 2009 年哥本哈根国际气候谈判后采访中国科学院院士丁仲礼院士的访谈（图 11-3）。在观看丁仲礼院士的访谈时，要与学生讨论并引导学生知道，目前西方国家所提倡的减排方案，本质是限制发展中国家发展，特别是限制中国发展的一种战略。由于西方国家掌握了国际话语权，使得在减排方案的谈判中，发展中国家处于不利地位。西方国家也夸大了气候变化的不利影响，同时将气候变化的原因完全归咎于人类活动排放的温室气体，也是缺乏科学依据的。结合第二个案例中所介绍的，历史上由于深海环流强度变化，导致出现快速升温和冰期事件。由此可以看出，气候谈判一定要依据科学事实，发出中国声音，为广大发展中国家争取权益。通过本案例的学习，让学生清楚知道自己的专业知识和国家大战略之间的关系。同时，激发爱国热情。

图 11-2 电影《后天》片断。该片断内容与"物理海洋学"第 14 章中深海环流的全球深海环流相关

图 11-3 央视就全球气候变化问题对丁仲礼院士的采访

3. 教学环节的设计、教学组织和实施

教学环节主要由课前交流、课内互动、课后思考三部分组成（图 11-4）。

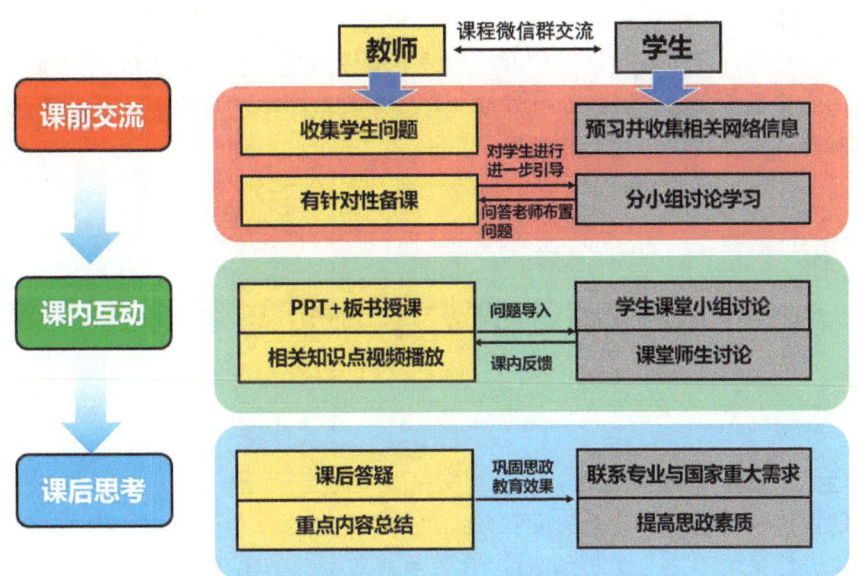

图 11-4 "物理海洋学"教学环节设计

1. 课前交流

课前在物理海洋学课程的微信群上发布深海环流章节的预习内容，请学生通过预习课本和收集网上相关资料，思考、回答老师在课前预先布置的问题。例如：你认为目前全球气候变暖的情况，是人类活动影响更大，还是地球海洋大气系统的周期性波动影响更大？在学生回答完问题后，对学生的回答和新提出的问题进行收集，对学生进行适当的引导，并有针对性地备课。

2. 课内互动

（1）以 PPT 形式向学生介绍近年来我国和世界各国在极地开展科考的情况，除了开发资源，其中一个主要目的是为了寻找在冰层中全球气候变化的历史证据，以应对气候变化危机。思政元素：海洋科研工作者历尽艰险，前往极地开展了几十年的科考工作，不讲回报，奉献青春年华，只为国家发展强大，那么今天我们年轻的海洋学子，如何继承和发展老一辈海洋人的精神。

（2）播放电影《后天》，结合物理海洋学课程中有关深海环流的部分讲解深海环流机制及对气候变化的影响。引导学生结合专业知识，将电影中有关气候变化的内容与科学事实进行比较。思政元素：引导学生认识到，西方国家在宣传应对气候变化有关话题时，在相关的电影文艺作品中，往往会夸大人类活动对气候变化的影响，并将责任推导发展中国家。对此，一定要有清醒认识，特别要认识到发达国家在历史上温室气体排放的累积量对气候变化的影响是十分巨大的。

（3）播放中央电视台在 2009 年就哥本哈根国际气候会议对丁仲礼院士的访谈。在观看时，引导学生与先前所看的电影《后天》进行对比，理解在现实中，国际社会就气候变化减排谈判所进行的博弈。思政元素：认识到西方国家在提出发达国家版本减排协议的本质，是限制以中国为代表的发展中国家的发展，一定要根据科学事实和全人类的利益进行回击。

3. 课后思考

在课后，教师与学生在教学微信群中或线下继续讨论，引导学生认识到海洋科学专业知识在国家海洋强国战略、应对气候变化和碳中和战略中的重要地位，培养学生的专业自豪感和责任感，巩固思政教育效果。

三、课程思政教学评价与考核

1. 学生评价显现思政效果

学生的评价是检验教学效果的重要方式之一，近来年学生评教平均分为 94.77，在全校课程百分比平均为 21%。在课程教学平台上学生也给出了积极评价（图 11-5）。有的学生认为"教学内容丰富，重难点突出，知识点归纳条理清晰；课堂环节紧凑，设计合理；教学方法得当，课件生动有趣，结合历史、热门科技成果及当今社会热点讲解并自然地融入思政元素，有效地激发了学生学习兴趣并厚植爱国情怀。”也有学生认为“老师教师上课充分准备，授课认真，课件设计合理，图文并茂，生动有趣。”

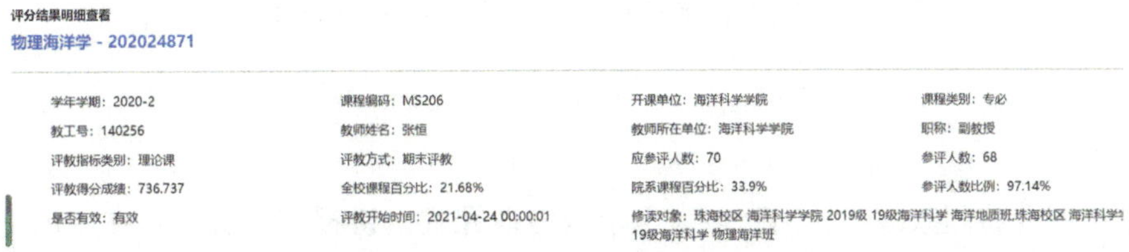
评分结果明细查看

物理海洋学 - 202024871

学年学期：2020-2	课程编码：MS206	开课单位：海洋科学学院	课程类别：专必
教工号：140256	教师姓名：张恒	教师所在单位：海洋科学学院	职称：副教授
评教指标类别：理论课	评教方式：期末评教	应参评人数：70	参评人数：68
评教得分成绩：736.737	全校课程百分比：21.68%	院系课程百分比：33.9%	参评人数比例：97.14%
是否有效：有效	评教开始时间：2021-04-24 00:00:01	修读对象：珠海校区 海洋科学学院 2019级 19级海洋科学 海洋地质班,珠海校区 海洋科学学 19级海洋科学 物理海洋班	

图 11－5 “物理海洋学”教学评教节选

2. 学院教师督导评价优良

对“物理海洋学”课程授课及相关的思政课程情况，学院教师督导及本科生事务委员会均给予了较高评价：“课堂上与学生互动良好，课堂气氛活跃，学生参与度高；重点突出，难点讲解透彻；任课老师能合理、自如地使用多媒体与网络技术，推演公式，深入浅出。课上适时随机抽查提问，有效提高同学们听课注意力。遇到被提问学生无法回答问题时，耐心地引导、适当地提示，因材施教，指导学生理解和掌握专业知识。课件内容丰富，逻辑性强，较多使用图像进行讲解，令学生有更直观的印象；此课程有较多专业的概念，通过课堂提问、选择题等方式与学生交流，及时检查学习情况；PPT 展示逻辑顺畅、内容丰富、讲解清晰。有通过提问与学生交流，检查学习效果。”

3. 成绩考核

以往在“物理海洋学”此类理科专业必修课中偏重于数理专业知识的评价，在结合课程思政元素后，课程对学生的教学评价和考核，逐步走向专业知识与思政素质双重点评估。在课堂教学中，将学生课堂展示和针对思政教育的问题回答表现纳入到平时成绩考核中。而在期末考察中，期末考试中的问答题也会出现与课堂中思政教育中相关的题目，真正使思政元素与专业课的考核实现有机融合。

四、课程思政教学特色与创新

（1）采用“实现国家战略、国家重大需求与专业理论结合”的教学理念，在专业知识讲授过程中加入思政的元素，使学生能更直观地感受到自己所学的物理海洋学专业具体是如何服务于国家战略、国家重大需求，进一步加强了学生对国家、民族的认同感，加强思政效果。

（2）注重“榜样示范法”教学手段的应用，以案例分析为主，做到以事感人、以榜样育人，实现思政教学目的。

五、课程思政教学效果与推广

本节课程将国家战略、国家重大需求与专业课程的讲授相结合，意在用渗透性的、潜移默化的方式使大学生在耳濡目染中受到教育。此种教育理念，避免了"课程上出思政味"的问题，力求在点滴之间影响学生，使其在学习课程中不知不觉地树立正确的人生观、价值观。特别是通过介绍我国科学家在20世纪80年代以来在极地科考和深海大洋环流中取得的成就，丁仲礼院士等学者运用自己专业知识在国际战略竞争中争取国家利益的事迹，这些都极大地增强学生对专业的认同感与自豪感。弘扬了中国传统优秀文化、中国精神、中国价值和国家意识，增强了海洋学科人才的国家认同感，培育了对中华民族的价值认同和文化自信。也提升了海洋学科人才的历史使命感、时代紧迫感及社会责任担当。此种教学理念与方法可推广至其他课程的建设过程中，具有一定的借鉴价值。

六、课程思政教学反思

（1）实际困难和不足之处。首先，在"物理海洋学"课程思政建设过程中，教师为保证教学任务的完成，偏重于专业理论知识的传授，而对与课程相关的政治理论知识收集不够，其自身的政治理论知识的储备也不足。其次，在"实现国家战略、国家重大需求与专业理论结合"理念的实施过程中，难以真正做到"潜移默化，润物无声"。

（2）今后改进举措。课程思政是一系统工程，其建设和改革必须继续探索、深化和完善，这就要在总结、借鉴已有成功实践的基础上，结合自身课程的特点，进而形成适合本门课程的完整教学体系。首先，需要提升专业课教师的课程思政能力，实现思想政治教育与专业课程进一步的有机无缝对接。其次，深化"实现国家战略、国家重大需求与专业理论结合"理念的改革，真正做到"潜移默化，润物无声"。目前，"物理海洋学"课程在上述两方面的工作还有不足，需要授课老师进一步整合思政元素中的育人素材，选择更为恰当的方式与专业课的教学相融合。

案例十二 "海洋环境污染与毒理"课程思政教学实践

课程名称：海洋环境污染与毒理
主讲教师：李朴（副教授）
课程性质：专业必修课
授课对象：海洋科学专业三年级本科生
授课章节：海洋环境毒理学概述、水体富营养化、海洋石油污染

一、课程思政教学理念与目标

1. 课程思政教学理念

党的十九大报告中指出人与自然是生命共同体,人类必须尊重自然、顺应自然、保护自然。十九大报告中强调建设生态文明是中华民族永续发展的千年大计,生态文明建设功在当代、利在千秋。生态文明建设同每个人息息相关,每个人都应该做践行者、推动者。"海洋污染与毒理"课程中,多处涉及人和海洋和谐发展的内容,这让本门课程融入十九大报告有关内容,开展课程思政成为可能。在本课程中探讨课程思政,有利于学生掌握和了解我国"人和自然和谐发展""生态文明建设""海洋环境保护"的相关理念,正确认识党的治国方针,树立"大国意识"和"大国自信"。

2. 课程思政教学目标

围绕国家海洋战略和生态文明建设,推进海洋环境相关专业课程体系、实践教学、协同育人等方面改革,为国家海洋强国、海洋发展战略提供强有力的人才支撑。

根据这一宗旨,本课程主动把求真务实、勇于创新的科学素养及国家意识、文化自信、公民人格等教育内容有机融合,培养学生勤学慎思、刻苦钻研、爱国爱党等良好情操,用辩证的观点去分析人类社会经济发展与海洋环境污染的问题,对人与社会和谐发展等生态文明建设相关内容进行深度思考,逐渐养成自觉进行环境保护以助力生态文明建设的思想政治素养和良好行为习惯。

二、课程思政教学思路与方法

1. 课程思政教学思路

以海洋环境化学与毒理学相关理论为基础,以环境污染和海洋环境污染事件为切入点,结合我国海洋环境科学发展的过程与十九大报告中有关生态文明建设、人和自然和谐发展等内容,本课程通过我国环境污染和治理发展过程中的典型事例,以及习近平总书记"绿水青山就是金山银山"的理念对于生态文明建设的意义,让同学们认识到自身的价值、专业的价值,激发同学们的责任和使命感;通过我国大气、土壤、流域及海洋监测、分析和治理技术的发展,以及发展过程中科学家们的刻苦钻研和无私奉献精神,引发同学们对科学的热情,使同学们懂得科学内涵;通过相关资料了解我国相关环境指标和治理技术存在的差距,激发同学们的使命感;通过对我国大力发展海洋产业的原因、海洋污染的现状、以及我国对于其的治理策略与行动，让同学们认识到自身的价值、专业的价值，激发同学们对海洋环境保护的责任和使命感。

2. 课程思政教学方法

本课程采用"讲授法+（PBL）"的教学方法，（图 12-1）。本课程的重点在 PBL 教学法中融入思政育人功能。在课堂讲授的相关案例中引入相关情境，将学生代入情境中进行讨论、总结与分析，使学生养成独立思考的习惯，同时使学生的科学素养得以提升，发现问题和解决问题的能力得以增长。

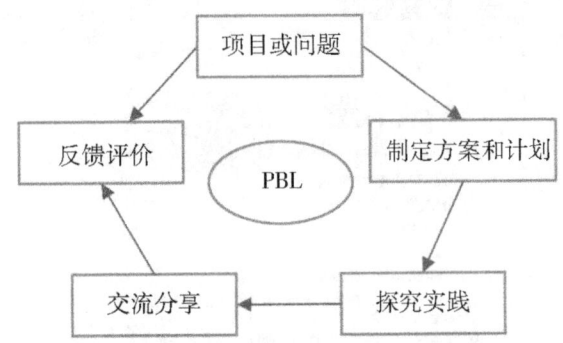

图 12-1 "海洋环境污染与毒理"采用"讲授法+PBL"的教学方法

"海洋环境污染与毒理"内容涉及"海洋环境科学""海洋环境化学""物理化学""有机化学"等已学过的相关专业课程知识，又涵盖一些"海洋环境化学"等后续专业课程的知识，需要融会贯通，教学难度大，学生往往难以理解透彻。为了改善教学效果，在优化教学内容的基础上结合课程特点，紧紧把握生态文明建设这个导向，以案例教学法、项目教学法和问题式教学法，采用动画、图解等直观方法和互动式教学，促进学生对抽象概念的理解和知识点的融会贯通。

（1）教学案例1：海洋环境污染和海洋环境科学的概念。

首先向班上同学提出三个问题："我们生活的环境你满意吗？""你认为当前我们面临的主要环境问题是什么？""主要海洋环境问题是什么？"。通过分组讨论的方法，让同学们整体回顾之前所学知识并与现实生活观察所得进行有机结合，充分理解当前全球所面临的环境问题，特别是海洋环境问题；继续讲授环境污染的发展过程和在此过程中著名的"八大公害事件"，讨论环境污染和人类社会发展之间的辩证关系；继而讲述我国主要面临的环境和海洋环境问题，通过我国环境污染和治理发展过程中的典型事例，习近平总书记"绿水青山就是金山银山"的理念对于生态文明建设的意义，让同学们认识到自身的价值、专业的价值，激发同学们的责任和使命感（图 12-2）；继而讲述环境科学和海洋环境科学在国内外的发展过程，及其与环境污染和人类社会发展之间的辩证关系，同时向同学们介绍丁德文、苏纪兰、唐启升、焦念志等海洋环境科学家的先进事迹，并引发同学们对科学的热情、懂得科学内涵，培养学生的工匠意识，勤奋学习和刻苦钻研的精神，掌握扎实的理论知识，将来为国家生态文明建设做贡献。

图 12-2 "海洋环境污染与毒理"授课 PPT：环境污染事件与"两山理论"

（2）教学案例 2：海洋石油污染。

结合相关图片和短视频，讲述 2010 年美国墨西哥湾"深海地平线"海上溢油事件，通过"3W"（Why happen，What happen，How to solve）的方法，分析事故发生的原因、发生的过程以及后续的海洋生态环境所遭受的破坏。通过图片和视频记录列举受到有毒物质影响的生物并分析其机理，并分组讨论如何解决海洋石油污染的问题，包括防治、控制和修复等措施，让同学们思考什么才是最好的防控措施，在此期间通过"破镜重圆终有痕"的例子，让同学们明白环境污染的不可逆性，进而深入思考海洋环境保护可持续发展和生态文明建设的的必要性和重要性。通过此教学案例，可以润物细无声地为同学们建立源事析理、勇于探索的良好习惯，树立良好的职业道德与敬业精神，建立海洋环境保护可持续发展的生态文明建设价值观。

3. 教学环节的设计、教学组织和实施

（1）建立课程微信群，通过微信与同学们进行交流，及时解答同学们提出的问题，并通过微信群发布预习本章节内容，请学生思考、回答：你在生活和专业认识实习中，接触到哪些环境污染问题，列举出 2~3 种；学生回答完后，追问：造成这些污染的原因是什么？对学生回答扼要总结，侧重于激励。

（2）课堂教学设计。

课程导入：通过记录图片和视频的方式，讲述我国环境污染防治和生态文明建设的历史发展过程及相关模范事迹。

思政元素：我国科学家历经几代人呕心沥血，舍去国外优厚待遇，不讲回报，为我国环境保护和可持续发展奉献青春年华,只为了后来人的可持续发展。那么我们今天的青年人该如何继承与发扬呢(留给学生自己思考)。

小结:环境污染的原因是什么?不同类型的污染具有什么共性?环境污染和生态环境系统的相互关系是怎样?环境污染和人类社会发展、工业进程的辩证关系是什么?

阐明:本节课的教学目标、教学内容、知识点、重点与难点。

(3)课堂授课中。

围绕思政元素:为什么学、学什么和怎么学的"3W"学习方法来讲授本节课程内容。在讲解专业知识的过程中,悄无声息地切入思政元素。例如,讲授"海洋环境毒理学概述"一节中,从专业知识上,讲述环境污染物剂量(或浓度)与效应的辩证关系,引导同学们养成仔细观察、善于思考、刻苦钻研、辩证理解的良好习惯,加强其对本专业的认同感(图13-3)。

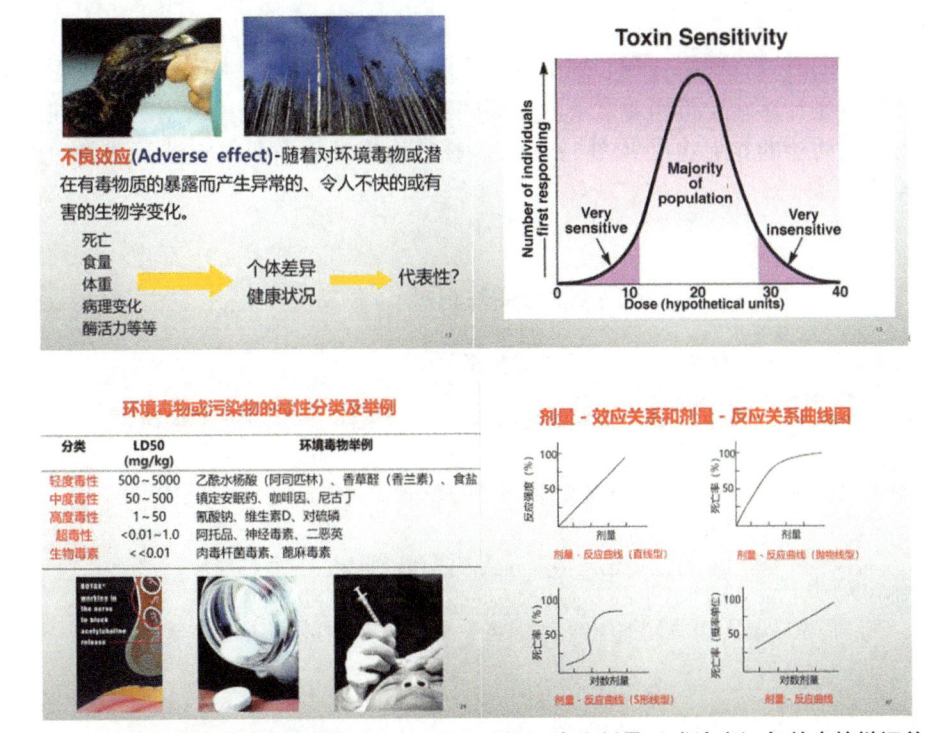

图13-3 "海洋环境污染与毒理"授课PPT:环境污染物剂量(或浓度)与效应的辩证关系

(4)板书设计。课程教学过程中,板书力求简洁、清晰,体现主题、突出重点。

(5)课程小结。对本节课主要内容进行总结,鼓励学生善于从课程实际出发,运用现代化的信息技术手段进行文献搜索,广泛阅读专业发展前沿信息。

三、课程思政教学评价与考核

课程思政教学评价与考核，将以往过于偏重专业知识评价转变为专业知识评价与思想育人评价并重。而"思政育人评价"采取量化评定与定性评价的方式。

定性评价的方式可以采用课堂问答和讨论的方式，在此过程中观察之前课程中引入的相关思政元素在学生中的掌握程度，并根据观察得到的情况，在今后的课程中做出相应调整。教师根据学生的教学评价分析课程思政教学效果，并根据反馈，进一步加强今后的教学。

量化评定的方式，采用客观和主观综合作业题的形式，如在课程作业中设置：赤潮的成因和影响是什么？分析渔业发展和赤潮的辩证关系，并结合国家生态文明建设的内容，给出赤潮防治的相关建议（图12-4）。教师根据学生作业内容涉及的思政教学效果进行评价。

海洋污染与毒理

2022年

作业1

作业提交截止时间：2022年4月11日

1. 海洋环境具有什么特点？这些特点导致海洋环境问题的哪些特殊性？

2. 海洋环境问题从20世纪50年代以来的变化趋势是怎样的？是什么原因导致了这些趋势？

3. 赤潮的成因和影响是什么？分析渔业发展和赤潮的辩证关系，并结合国家生态文明建设的内容，给出赤潮防治的相关建议。

4. 毒理学的三个主要研究领域是什么？它们相互之间存在什么关系？

图12-4 "海洋环境污染与毒理"平时作业

四、课程思政教学特色与创新

采用“隐性思政育人”的教学理念，在专业知识讲授过程中加入思政的“盐料”，但看不到“盐料”却可以体会到“盐味”在点滴之间影响学生，使其在学习过程中不知不觉的实现“思政课程”所学内容。

注重“榜样示范法”教学手段的应用，以案例分析为主，注重理论知识和生活现象的关联，做到以事感人、以榜样育人，实现“隐性思想政治教育”的教学目的。

五、课程思政教学效果与推广

本课程采用“隐性思想政治教育”的教学理念，意在用渗透性的、潜移默化的方式使大学生在耳濡目染中受到教育。授课得到学生的一致好评（图 12－5）。

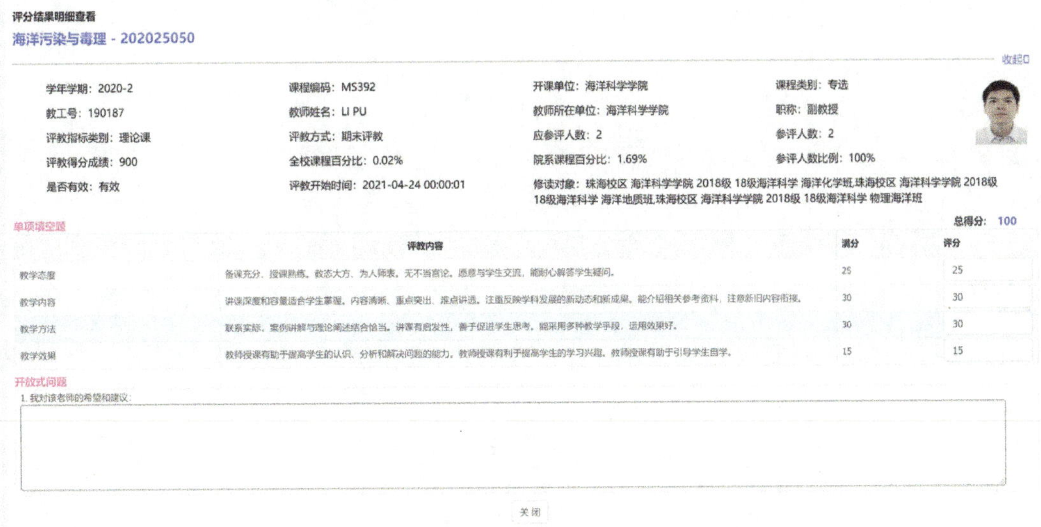

评分结果明细查看

海洋污染与毒理 - 202025050

收起

学年学期：2020-2　课程编码：MS392　开课单位：海洋科学学院　课程类别：专选

教工号：190187　教师姓名：LI PU　教师所在单位：海洋科学学院　职称：副教授

评教指标类别：理论课　评教方式：期末评教　应参评人数：2　参评人数：2

评教得分成绩：900　全校课程百分比：0.02%　院系课程百分比：1.69%　参评人数比例：100%

是否有效：有效　评教开始时间：2021-04-24 00:00:01　修读对象：珠海校区 海洋科学学院 2018级 18级海洋科学 海洋化学班,珠海校区 海洋科学学院 2018级 18级海洋科学 海洋地质班,珠海校区 海洋科学学院 2018级 18级海洋科学 物理海洋班

单项填空题　总得分：100

	评教内容	满分	评分
教学态度	备课充分、授课熟练。教态大方、为人师表。无不当言论。愿意与学生交流，能耐心解答学生疑问。	25	25
教学内容	讲课深度和容量适合学生掌握。内容清晰、重点突出、难点讲透。注重反映学科发展的新动态和新成果。能介绍相关参考资料，注意新旧内容衔接。	30	30
教学方法	联系实际。案例讲解与理论阐述结合恰当。讲课有启发性，善于促进学生思考。能采用多种教学手段，运用效果好。	30	30
教学效果	教师授课有助于提高学生的认识、分析和解决问题的能力。教师授课有利于提高学生的学习兴趣。教师授课有助于引导学生自学。	15	15

开放式问题

1. 我对该老师的希望和建议：

关闭

图 12－5 “海洋环境污染与毒理”学生评教节选

此种教育理念，避免了“课程上出思政味”的问题，力求在点滴之间影响学生，使其在学习本节课程中不知不觉地树立正确的人生观、价值观。特别是通过介绍海洋环境

科学的发展历程，丁德文、苏纪兰、唐启升、焦念志等海洋环境科学先驱的代表性事迹，我国重大海洋环境污染事故（如大连新港716爆炸事故）处理中的感人事迹，增强学生对专业的认同感、自豪感与责任感。弘扬了中国传统优秀文化、中国精神、中国价值和国家意识，增强了海洋人才的国家认同感，培育了对中华民族的价值认同和文化自信。也提升了海洋人才的历史使命感、时代紧迫感及社会担当的精神。

六、课程思政教学反思

实际困难和不足之处：首先，在"海洋环境污染与毒理"课程思政建设过程中，教师为保证完成教学任务，偏重于专业理论知识的传授，而对与课程相关的政治理论知识的积累不够，教师自身的政治理论知识储备也不足。其次，在"隐性思想政治教育"理念的实施过程中，难以真正做到"潜移默化，润物无声"。

改进举措：课程思政是一系统工程，其建设和改革必须继续探索、深化和完善，这就要在总结、借鉴已有成功实践的基础上，结合自身课程的特点，进而形成适合本门课程的完整教学体系。首先，需要提升专业课教师的课程思政能力，实现思想政治教育与专业课程的有机对接。其次，深化"隐性思想政治教育"理念的改革，真正做到"潜移默化，润物无声"。

案例十三 "生物化学"课程思政教学实践

课程名称：生物化学
主讲教师：卢建国（教授）
课程性质：专业必修课
授课对象：海洋科学专业二年级本科生
授课章节：糖代谢（糖酵解）

一、课程思政教学理念与目标

1. 课程思政教学理念

"生物化学"是海洋科学专业的核心专业必修课。生物化学课程是海洋生物方向专业的专业基础课,它不但是学习专业知识的主阵地,同时也是思政育人的重要载体。在授课过程中,将专业知识传授与思政元素育人有机结合,贯穿于课程教学的全过程,培养学生的科学和专业精神,激发学生的爱国情怀和责任担当意识,达到"润物细无声"的育人效果。结合课程特点,引导学生树立正确的世界观、人生观、价值观,勇敢地肩负起实现中华民族伟大复兴的理想和责任,全面提高学生的思想政治素质。

2. 课程思政教学目标

通过本节课的学习使学生掌握糖酵解的概念、发生部位、反应历程、关键酶和生理意义及丙酮酸的代谢去路。能够运用所学知识解释常见的生理病理现象,如为什么病人输液只能输葡萄糖,不能输 6 - 磷酸 - 葡萄糖等。在课程思政方面,注重培养学生的奋斗精神、奉献精神、家国情怀、法治观念、节约意识和人文素养。

二、课程思政教学思路与方法

1. 课程思政教学思路

以中国选手苏炳添在东京奥运会男子 100 米半决赛中跑出 9 秒 83 的成绩,创造了新的亚洲纪录为导入(图 13 - 1),以"糖酵解反应历程"作为一级标题;将糖酵解反应发生部位、糖酵解反应的两大反应阶段(投入阶段和产出阶段)和糖酵解的反应历程列为二级标题。在糖酵解反应的两大反应阶段课件页面添加一句警句:"努力方能收获、付出才有回报。"

2. 课程思政教学方法

在糖酵解调控的课程思政设计中,可以采用的教学方法是专业知识启发感悟法。在讲完调控之后,可以引导学生思考为什么代谢需要调节?使学生理解在细胞中存在无数种代谢反应,因为受到严格调节才能井井有条,否则将杂乱无章,造成严重的后果。人类很多疾病就是由于代谢调节紊乱所致,如与糖代谢调节障碍有关的阿尔茨海默病,从而引导学生感悟:人类社会就像一个巨大的细胞,只有每个人的行为都受到道德的规范和法律的约束,才能构建和谐社会和强大国家,从而培养学生的法制观念和家国情怀。

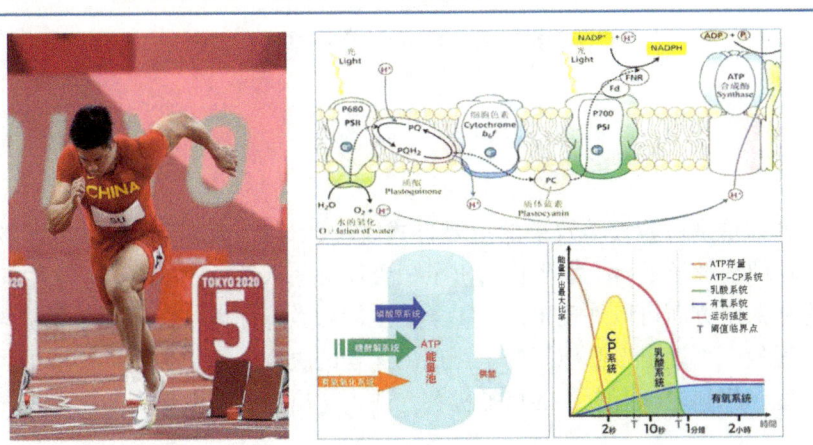

图 13-1 糖酵解讲授部分的导入页

如在武汉发生新型冠状病毒肺炎期间,如果从上到下每个人都遵守法律法规,如实发布疫情信息,能按规定实行自我隔离,就不可能给国家造成如此严重的后果。

3. 教学环节的设计、教学组织和实施

在课程思政理念下的专业课课堂教学设计,需要做好课程知识与思政元素融合点的发掘。在课前、课中、课后都融入思政元素。根据生物化学的课程内容及其特点,经过仔细的研究和梳理,根据应用型本科办学特点及学情特征,生物化学课程思政教学设计策略如图 13-2 所示。

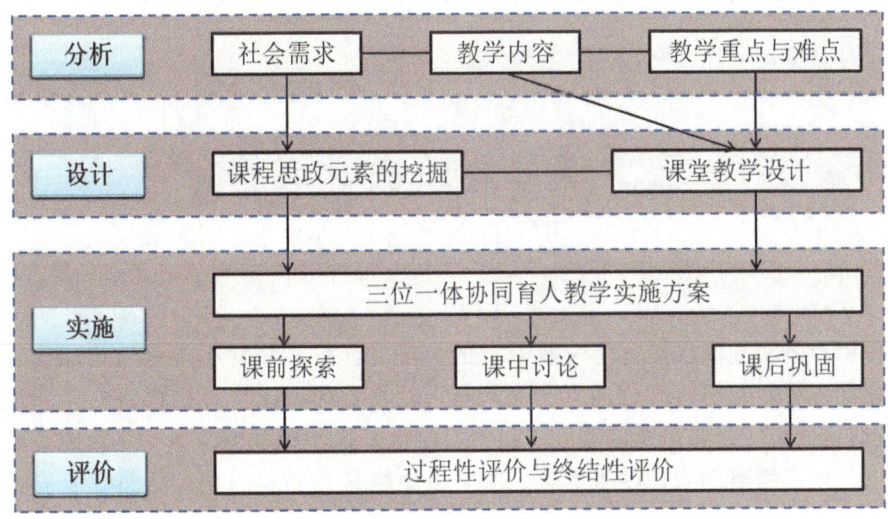

图 13-2 生物化学课程思政教学设计策略

三、课程思政教学评价与考核

学生的评价是检验教学效果的重要方式之一，近来年该课程的学生评教平均分为97.667。在课程教学平台上学生也给出了积极评价。从教学效果看，学生对教师本人的喜好程度从两个方面可以展现出来：①学生主动和教师加微信，索要电话号码，并且线下表达出喜爱，表达出自己想好好学习这门课程的决心；②学生主动要求加入教师的开放性实验室，想和老师有更多的接触机会，并表达出想要考取研究生的诉求。

四、课程思政教学特色与创新

思政教育贯穿在整个教学过程中。在课程讲解过程中融入思政元素；在课堂上以案例式、启发式教学，传授知识，提升能力；在课后的作业和讨论中也融入思政元素，引起学生思考，渗透价值引领。通过社会素材、课上传授、课后作业和思考等多个维度，激发学生对糖代谢与生命健康意识，树立环境保护的信心，增强美丽中国梦的使命感。

五、课程思政教学反思

课程思政的实施不仅拓宽了思政教育的广度，让育人教育不再是思政课程一力承担，而是课程思政和思政课程两者同向同行、相得益彰，让育人教育插上"彩凤双飞翼"。同时也降低了思政教育的难度，因为对学生来说，课程思政基于一定的专业知识基础之上，可以缘事而发，因事而化，使学生更容易接受和内化，从而"心有灵犀一点通"。

"愿你走出半生，归来仍是少年。"课程思政是一种创新，更是专业课程育人功能的初心回归。一堂好课之所以能够落地发芽、开花、结果，教学设计是整个教学环节的着力点。如何就"学苗"的综合素质进行课堂教学方式方法的开发,则是教师的"扳手"。课堂活跃起来并能够将每一个学生像珍珠一般串联起来并发挥其主观能动性,激活爱学爱岗爱国之情怀,需要专业课程教师精心打磨,仔细推敲并关注课前、课中、课后的教学环节衔接,注重课后培养与第二课堂实践。